HISTOIRE
NATURELLE,
CIVILE ET POLITIQUE
DES
GALLIGENES ANTIPODES
DE LA NATION FRANÇOISE,
DONT ILS TIRENT LEUR ORIGINE;

Où l'on développe la naiffance, les progrès, les mœurs & les vertus fingulieres de ces Infulaires.

Les révolutions. & les productions merveilleufes de leur Ifle, avec l'hiftoire de leur Fondateur.

TOME SECOND.

A GENÈVE,
Chez les Freres CRAMER.

Et fe trouve à Paris.

Chez HUMAIRE, Libraire, rue du Marché Palû, vis-à-vis la Vierge de l'Hôtel Dieu.

M. DCC. LXX.

HISTOIRE

DES

GALLIGÈNES,

OU

MÉMOIRES DE DUNCAN.

CHAPITRE I.

Anatomie de la volupté. Eſt-ce découverte réelle ? Eſt-ce plaiſanterie phyſique ? Duncan n'en dit rien : & quand il le diroit . . . .

JE crois vous avoir parlé de cette ceinture d'arbres touffus qui environne la ville des Galligènes. C'eſt tout-à-la-fois leur promenade, leur école, leur académie. Chacun y va publier ſes découvertes, ou s'inſtruire de celles des autres. Tous les genres y ſont reçus. Le mathématicien trace des figures ſur le ſable ; le peintre & le ſculpteur expoſent leurs deſſeins ; l'architecte déploye ſes plans ; le muſicien tente le goût du public. Ici l'orateur déclame ; plus loin on eſſaye des danſes ; à quelques pas de-là on parle morale : tout eſt bon. L'un ſe fixe ; l'autre parcourt ſucceſſivement ces grouppes de poëtes, d'artiſtes, d'orateurs, de danſeurs, de philoſophes ; un autre ſe promene, ſans prendre part à rien : grande liberté à tous égards. Hommes, femmes, jeunes, vieux, chacun montre, ou regarde, écoute, ou parle, prend avis, ou le donne ; tout eſt égal ; on fait ce qu'on veut faire ; on eſt ce qu'on veut être.

Un jour Duncan étoit à cette promenade ſinguliere, examinant, diſcourant, critiquant, ſur-tout s'éton-

nant grandement de beaucoup de chofes ; car c'étoit fon fort. Il apperçut un
petit auditoire qui fe formoit fur des
fiéges de gazon ; il s'approche, & prend
féance. Le differtateur, jugeant fon affemblée affez confidérable, après avoir
captivé la bienveillance de fes audi-
teurs, par un compliment affez froid,
commença la differtation fuivante.

» En vain on voudroit fe le diffimu-
» ler : nous avons en commun avec les
» animaux, la plûpart des facultés dont
» nous nous applaudiffons le plus. Mais,
» à mon fens, une des prérogatives les
» plus précieufes de l'humanité, c'eft
» celle qu'elle a du côté de l'amour : non-
» feulement elle releve la dignité du
» genre humain, mais, ce qu'on trou-
» vera peut-être plus important, elle
» eft la fource de ceux de nos plaifirs
» qui nous touchent le plus.

» Parmi les animaux, l'amour n'eft
» qu'un defir aveugle qui les porte à

» la reproduction : parmi les hommes,
» c'est une réunion de deux sentimens
» qu'il faut bien se garder de confon-
» dre. Le premier de ces sentimens est
» le desir de la reproduction, celui
» dont nous venons de parler : le se-
» cond procede de la sympathie ; c'est
» ce goût, cette inclination, ce je ne
» sçai quoi qui nous attache avec tant
» de douceur.

    » Le penchant reproductif nous por-
» te indifféremment vers l'autre sexe ;
» le sympathique nous arrête sur un
» objet : le premier nous promet le
» plaisir des organes ; le second, la
» volupté du cœur : celui-là ne semble
» fait que pour le corps ; celui-ci pour
» l'ame.

    » Le desir de la reproduction & ses
» plaisirs, sont communs aux hommes
» & aux animaux : que sçai-je si les
» plantes n'en sont pas susceptibles ?
» Ces petits filets couverts d'une fine

» pouſſiere que vous voyez au milieu
» des fleurs, ſont les parties mâles des
» plantes; l'éminence qui s'éleve du
» centre, eſt la partie femelle ; ces
» feuilles, qui contiennent les unes &
» les autres, & dont vous admirez les
» vives couleurs, forment le lit que la
» nature prépare au myſtere de la gé-
» nération. Que ce myſtere ſe conſom-
» me ſans aucune volupté, qui oſera le
» décider ?

» La nature a varié les reſſorts de la
» reproduction dans les plantes & dans
» les animaux : mais, quels qu'ils ſoient,
» leur action eſt périodique, & n'a lieu
» qu'en certains tems. A l'égard de
» l'homme, la nature n'a point poſé
» ces limites : l'amour germe dans ſon
» cœur, ſelon les circonſtances, & non
» pas ſelon les tems; & c'eſt un avan-
» tage qui l'éleve au-deſſus de la brute
» & de la plante, même en ce qu'il a
» de commun avec elles. En vain les

A iij

» neiges & les glaces couvrent la fur-
» face de la terre, & jettent dans l'en-
» gourdiffement tout ce qui croît &
» végete; la volupté de l'homme ré-
» fifte à la rigueur des hivers, & la na-
» ture qui fe cherche en vain par-tout
» ailleurs, fe retrouve encore dans le
» cœur humain. Dans un cercle où l'on
» demandoit pourquoi les femelles des
» animaux ne fe prêtoient que rare-
» ment, & dans certains tems, aux
» mâles, la fille d'un Empereur célebre
» répondit que cela venoit de ce que
» ces femelles n'étoient que des bêtes.
» Les uns trouvent de l'efprit & de la
» vivacité dans cette réponfe; d'au-
» tres y trouvent du libertinage : pour
» moi, j'y vois une vérité philofo-
» phique.

  » Le defir fympathique & le defir
» reproductif ont chacun leur apanage.
» Mais quel eft-il ? Quelles font les in-
» fluences de l'un & de l'autre ? Quels

» font les effets & les plaifirs qui leur
» font particuliers ? Jamais queftion
» ne fut plus intéreffante, & jamais
» queftion ne fut moins approfondie.
» Faifons nos derniers efforts, &, s'il fe
» peut, démêlons les prérogatives de
» l'humanité.

» Puifque les animaux n'ont que le
» defir reproductif, tout ce qui fe paffe
» entr'eux, du côté de l'amour, fe doit
» néceffairement à ce defir. La même
» caufe fe trouve dans l'homme, &
» doit y produire les mêmes effets. Ce
» qui fe paffe donc à cet égard parmi
» nous, & reffemble à ce qui fe paffe
» parmi les animaux, eft pareillement
» dû au defir reproductif. Mais tout ce
» qui, dans ces circonftances, fe re-
» marque parmi nous, & ne fe remar-
» que point parmi les animaux, fort
» d'une autre fource; & cette autre
» fource ne peut être que le defir fym-
» pathique. Par ce partage fondé fur la

A iv

» nature même, on voit combien se
» retrécit l'apanage du desir reproduc-
» tif, & combien s'étend celui du de-
» sir sympathique. Les effets du pre-
» mier sont vifs, mais passagers ; ce
» sont des fusées qui s'élancent, bril-
» lent & s'éteignent. Le second semble
» un feu lent, mais doux & durable.
» Que ne puis-je vous peindre ici ces
» épanchemens du cœur, ces élance-
» mens de l'ame, ces caresses touchan-
» tes, ces douces langueurs ! Je l'en-
» treprendrois en vain : de telles im-
» pressions sont faites pour être senties,
» non pour être décrites. Que celui qui
» n'a point aimé, aime ; & tous con-
» cevront ce que je veux dire.

» On connoît assez le but que se
» propose le penchant reproductif : on
» ne voit pas si clairement à quoi tend
» le desir sympathique. Bien des phi-
» losophes trouvent, dans l'amour, un
» desir de s'unir intimement à l'objet

» aimé ; de confondre, en quelque
» forte, fa fubftance avec la fienne ;
» de ne faire qu'un avec lui. Je penfe
» qu'ils ont raifon ; & je n'en juge pas
» fur leur parole, mais fur ce que les
» amans éprouvent tous les jours. Qu'on
» fe les repréfente lorfqu'ils fe prodi-
» guent les plus tendres careffes : le
» lierre embraffe-t-il plus étroitement
» l'arbre auquel il s'eft attaché ? De-
» mande-t-on encore quel eft le but du
» defir fympathique ? N'eft-il pas ma-
» nifefte qu'il tend à la pénétration ré-
» ciproque des corps, à la tranfmuta-
» tion de fubftance ? Ce que l'attrac-
» tion eft au fer & à l'aiman, au verre
» électrique & à la paille, le defir fym-
» pathique l'eft à l'amant & à l'objet
» aimé : tous tendent à n'avoir qu'un
» centre commun, à n'occuper que le
» même efpace, à fe perdre l'un dans
» l'autre. Vains efforts : la nature op-
» pofe une barriere invincible à des

» defirs qu'elle ne fait naître que pour
» unir les amans par les liens les plus
» tendres.

» De ce que nous avons dit, il eft
» aifé de conclure que l'organe du tou-
» cher eft le plus intéreffant pour le
» defir fympathique, & que c'eft de-là
» qu'il tire plus de volupté, en appro-
» chant le plus de fon but. Auffi la na-
» ture nous a-t-elle favorifés à l'égard
» du tact. Les animaux ont les autres
» fens plus parfaits que nous ; nous
» avons le tact plus parfait que les ani-
» maux. Qu'ils ayent l'ouie de la plus
» grande fubtilité, la vûe perçante,
» l'odorat exquis : ne leur envions point
» ces foibles avantages ; nous avons la
» délicateffe du toucher au plus haut
» point, & cela fuffit pour nous com-
» bler de plaifirs.

» Quoiqu'en général l'organe du tou-
» cher foit exquis, il ne l'eft pourtant
» pas également par toute la furface du

» corps. Il eſt, par exemple plus par-
» fait dans les doigts, que dans les au-
» tres parties, & plus dans les levres,
» que dans les doigts. Tout le corps eſt
» donc pour nous une ſource de volup-
» té; mais cette volupté réſide plus
» particuliérement dans la main, plus
» particuliérement encore ſur la bou-
» che. C'eſt-là que ſe rencontrent &
» s'uniſſent ces tendres ſoupirs, ces
» doux murmures, ces paroles entre-
» coupées, langage expreſſif des amans
» heureux : c'eſt-là que s'appaiſe, ſans
» s'éteindre, le feu pénétrant de l'a-
» mour ; plus on y puiſe, plus on y
» veut puiſer, & la ſource de ces plaiſirs
» purs ne tarit jamais.

   » Avancerai-je dans ces ſentiers dé-
» tournés, mais couverts de fleurs, ou
» je me trouve engagé ? Dévoilerai-je
» à vos yeux les myſteres de l'amour ?
» Mais pourquoi vous cacherois-je les
» reſſorts de la volupté, & l'une des

» plus intéressantes opérations de la na-
» ture ? La connoissance des causes
» physiques de nos plaisirs, n'est-elle
» pas elle-même un plaisir ?

» Vous le sçavez, cette séve féconde
» d'où les nations tirent leur origine,
» commence à se former dans l'un &
» l'autre sexe, vers l'âge de puberté.
» Elle séjourne quelque tems dans les
» organes où elle s'est filtrée, & bien-
» tôt après elle est repompée en partie,
» remonte à sa source, & repasse dans
» le sang : alors elle se distribue à tou-
» tes les parties, & donne lieu à des
» changemens trop connus, pour que
» je m'arrête à les détailler. Je la sui-
» vrai seulement dans les voies qu'elle
» s'ouvre sur la surface du corps, &
» j'essayerai de dévoiler les phénome-
» nes cachés qu'elle y produit.

» Quiconque examine dans l'hom-
» me l'organisation de la peau, & n'est
» point saisi d'étonnement, ne connoît

» point le prix des ouvrages de la na-
» ture. Mais ce qui, fans doute, eft le
» plus digne d'admiration, c'eft la mul-
» titude prodigieufe de petits corps
» glanduleux, de petits filtres, de pe-
» tits réfervoirs, de petits canaux de
» tout genre, dont la peau de l'homme
» eft parfemée, & dont celle des ani-
» maux eft dépourvue. A quoi bon, je
» vous prie, ces glandes, ces filieres,
» ces réfervoirs? Eft-ce pour féparer &
» tranfmettre au-dehors la matiere de
» la tranfpiration infenfible? Mais
» quoi, ne perce-t-elle pas par-tout ail-
» leurs? Les fimples pores dont la peau
» eft pénétrée de toutes parts, ne lui
» ouvrent-ils pas un libre paffage? A
» quoi bon la nature lui auroit-elle pré-
» paré fi curieufement les organes dont
» nous parlons? Sans doute elle a def-
» tiné à d'autres ufages, des refforts d'u-
» ne ftructure fi recherchée.

» Difons-le : c'eft-là que fe porte &

» s'accumule la portion la plus fpiri-
» tueufe & la plus fubtile de la liqueur
» vivifiante dont nous avons parlé. A
» la vûe d'un objet aimé, une émotion
» fubite s'empare de ces organes, &
» infpire le defir fympathique, le defir
» du tact. Alors la titillation & la pref-
» fion font épancher le fluide invifible
» contenu dans les petits réfervoirs de
» la peau : il en jaillit de toutes parts un
» efprit de volupté ; & c'eft le myftere
» que j'avois à vous dévoiler «.

CHAPITRE II.

Peu d'estime attachée à de grandes choses.
Duncan disserte. Il s'échauffe, & ne
s'en défend pas mieux.

DEPUIS quelque tems, il couroit
un de ces bruits incertains qui affligent
toujours le bon citoyen, inquietent le
magistrat, & qui, même lorsqu'ils sont
faux, sont encore dangereux. On di-
soit qu'il se formoit dans la République un parti considérable, & qui ne
se proposoit pas moins que d'anéantir
l'ancienne discipline. Trois citoyens
soupçonnés d'être entrés dans le complot, furent cités au tribunal des anciens. L'un d'eux vint trouver son juge,
& lui remit une sorte d'attestation du
censeur de son quartier. Duncan étoit
présent, & fut fort étonné d'entendre
lire la lettre suivante.

Je fuis d'autant plus alarmé des bruits qui fe répandent, que j'ai de fortes raifons pour les croire fondés. A portée d'obferver les mœurs dans le plus grand détail, je les trouve fi déchues de leur ancienne fimplicité, & je vois la dépravation faire des progrès fi rapides, qu'il y auroit à s'étonner fi l'efprit de fédition manquoit où tant de vices pullulent. Mes foupçons n'ont pourtant jamais tombé fur celui qui vous préfente cette lettre. Simple, paifible, fort éloigné du goût des innovations, penchant plus à la ftupidité qu'à l'emportement, mille fois je l'ai propofé pour modéle. Qu'il feroit à fouhaiter en effet que la plûpart de fes compatriotes lui reffemblaffent! Je ne penfe pas que, dans toute la République, il y ait un homme plus pufillanime; qualité d'autant plus précieufe, qu'elle devient rare de jour en jour. Pour ceux avec lefquels il fe trouve compliqué, je n'en ai pas la même idée. Leur réputation, à beaucoup près, ne réclame pas en leur faveur; *au contraire, elle déposeroit contre eux; &, pour vous dire en un mot combien on a droit de les soupçonner, c'est qu'ils ont toujours passé pour magnanimes. O que cette magnanimité devient de mode, & que je crains que toute cette grandeur d'ame n'accable quelque jour la République!*

Le Galligène, enchanté des éloges que le Censeur lui donnoit, avoit peine à contenir sa joie : le Magistrat, charmé de rencontrer un si heureux naturel, lui dit mille choses obligeantes; & Duncan, dans un étonnement dont il ne pouvoit revenir, ne sçavoit trop si cette scène étoit sérieuse, ou badine, plaisante, ou ridicule. Enfin, le Citoyen congédié, il prit la parole : Telle est donc, dit-il au Magistrat, l'estime que l'on fait, dans ce pays-ci, des cœurs magnanimes?

LE MAGISTRAT.

Oui; & je crois qu'on leur rend justice.

D U N C A N.

Et le soupçon de magnanimité suffit
pour incliner les Juges à croire un accu-
fé, coupable ?

L E M A G I S T R A T.

Il eft fûr que, dans bien des circonftances, on en doit tirer des in-
ductions qui ne lui font pas favorables.

D U N C A N.

Il faut bien que la juftice fe conduife
comme le refte, afin que tout foit ici
dans l'ordre renverfé. Mais fçavez-
vous que, de tout tems & par toute la
terre, on a regardé la grandeur d'ame
comme la plus éminente de toutes les
qualités? Sçavez-vous qu'on ne fe con-
tente pas de l'eftimer, on l'admire,
on la croit digne de vénération ? Toute
la terre eft-elle dans une erreur groffie-
re, & les Galligènes font-ils les feuls
qui fçachent apprécier les chofes ?

LE MAGISTRAT.

Je ne dis pas cela. Les autres hommes ont leurs raisons pour penser comme ils font; & nous avons les nôtres, pour ne pas être de leur avis.

DUNCAN.

Et quelles raisons pouvez-vous avoir pour méseftimer ce que tout le monde admire?

LE MAGISTRAT.

Et quelles raisons a-t-on pour admirer ce que nous méseftimons? Voyons, montrez-nous ces rares & sublimes qualités qui doivent attirer tant d'hommages au magnanime.

DUNCAN.

Que voulez-vous que je vous montre, & que puis-je objecter à gens qui, par principes, approuvent ce que les autres blâment; aiment ce que les autres haïssent; interdifent ce que les

autres recommandent ; dont les vertus
font des vices par-tout ailleurs , & qui
font perpétuellement en contradiction
avec tout le genre humain ? Que me
fervira de vous dire que , de tout fexe ,
de tout âge , de toute condition , la
magnanimité forme également le citoyen paifible & vertueux , & le guer-
rier intrépide , l'honnête bourgeois , &
le fublime héros. Capable de foutenir
la profpérité & l'adverfité , le magnanime refte inébranlablement le même
dans la pauvreté & l'opulence , dans les
derniers rangs de la fociété , & dans la
plus haute élévation. Sa conftance s'ac-
croît par les obftacles , fon courage , par
les dangers ; & jamais il n'eft fi grand ,
que dans l'aviliffement , les pertes ,
l'infortune.

LE MAGISTRAT.

Je vous avoue que , fi vous n'alléguez
rien autre chofe en faveur de la ma-

gnanimité, vous aurez peine à la rendre recommendable dans ce pays-ci. Que voulez-vous qu'un Galligène faſſe d'une vertu qui lui apprenne à ſupporter, ſans émotion, la perte de ſon patrimoine, la mort de ſes enfans, le renverſement de ſa famille, lui qui n'a ni patrimoine, ni enfans, ni famille ? La magnanimité montre comment on doit ſe comporter dans les derniers ou les premiers rangs de la ſociété : mais ici nous n'avons point de rangs, nous ſommes tous égaux. Elle donne la vaillance militaire, & forme les héros : mais nous n'avons ni guerre, ni beſoin d'héroïſme. Nous ſommes gens paiſibles, qui ne nous brouillons jamais avec nos voiſins, parce que nous n'en avons point. Le deſtin nous a cachés aux yeux de toute la terre, & nous avons lieu d'eſpérer que jamais les Européens ne nous apporteront ni leurs bonnes loix, ni leurs mauvaiſes mœurs, ni leurs maximes d'humanité, ni leurs vertus politiques, guerrieres & fanguinaires. Depuis que la République exiſte, vous êtes le feul étranger qui ait abordé dans cette iſle; & faſſe le ciel que vous ſoyez le dernier.

D U N C A N.

Cependant, ſi l'on en croit le bruit commun & la judicieuſe lettre dont vous avez bien voulu me faire part, n'êtes-vous pas menacés d'une révolte ? De mauvais citoyens ne vont-ils pas s'armer contre la Republique ? De meilleurs citoyens ne s'armeront-ils pas pour ſa défenſe ? Vous touchez à une guerre civile, & vous dites que vous n'avez beſoin ni de héros, ni de magnanimité ?

LE MAGISTRAT.

Mais cette malheureuſe guerre, ſuppoſé qu'en effet elle nous menace, qui

l'excite & la fomente ? Eſt-ce un puſillanime ?

DUNCAN.

Je ne ſçai ; mais ce n'eſt certaine-
ment pas un homme magnanime.

LE MAGISTRAT.

Cela peut être : mais voyons s'il n'y
a pas plus à craindre d'un côté que de
l'autre. Des vûes étendues, des paſſions
fortes, de la confiance en ſoi-même,
& de l'attachement à la vertu, voilà
ce qu'on appelle magnanimité. Des
vûes étroites, des paſſions foibles, de
la défiance de ſoi-même, & de l'attachement à ſes devoirs, voilà ce que
nous appellons puſillanimité. Ainſi le
puſillanime & le magnanime ſont vertueux. S'ils ne l'étoient pas, la magnanimité dégénérée deviendroit orgueil ;
la puſillanimité dégénérée deviendroit
baſſeſſe. L'un & l'autre ſoutient l'ad-

-verfité, pardonne les injures, & tombe dans l'humiliation, fans tomber dans le découragement : le pufillanime, parce qu'il ne fent pas vivement; le magnanime, parce qu'il voit au-delà. L'un eft au-deffus des événemens; l'autre eft au-deffous. Il n'y a que les caracteres moyens qui s'affectent jufqu'à perdre courage, ou s'enorgueillir. Mais vous m'avouerez qu'il n'eft guère de magnanimes toujours tels dans la riguenr du terme; je veux dire, fi attachés à la vertu, qu'ils ne la perdent jamais de vûe.

DUNCAN.

J'en conviens; & c'eft en quoi la magnanimité mérite d'autant plus nos hommages : plus il y a de difficulté, plus il y a de gloire.

LE MAGISTRAT.

Il en eft de même du pufillanime : rien n'eft fi ordinaire que de le voir dégénérer,

dégénérer, & s'éloigner de ses devoirs.
Vous conviendrez encore que de deux
bonnes qualités qui dégénerent, on
doit donner la préférence à celle dont
la dégradation entraîne les suites les
moins fâcheuses. Voyez maintenant,
& jugez vous-même. La magnanimité
dégénere en orgueil, ambition, témé-
rité, audace : ses grandes vûes restent,
car elles tiennent à l'esprit, qui demeure
le même, quoique le cœur se corrom-
pe. Mais quels malheurs n'occasionnent
pas l'orgueil & l'audace occupés de grandes vûes & de vastes desseins. Ouvrez
vos histoires, & passez en revue, les ca-
lamités des différens siécles ; voyez les
campagnes arrosées de sang ; des villes
en cendre ; des trônes renversés ; des
régions ravagées, & toute la terre
couverte de crimes : voilà l'ouvrage de
la magnanimité, ou manquée, ou dégénérée. En peut-il être ainsi de la pusillanimité ? dégénérée, c'est bassesse

Tome II. B

& lâcheté; & ces vices rampans ne s'oc-
cupent que de vûes étroites & de petits objets : ses crimes sont de particulier à particulier; le repos public n'en
est point altéré. L'attention des Magiftrats peut réprimer ces défordres de
détail : mais qui réfiftera aux efforts
puiffans d'une ambition audacieufe &
éclairée? Vous voyez donc que le magnanime doit être incomparablement
plus fufpect dans un état, que le pufillanime; & que, fi notre République
eft menacée en ce moment d'une fédition, c'eft dans la magnanimité dégénérée, qu'il en faut chercher le prin-
cipe.

DUNCAN.

Je le fuppofe : mais, pour arrêter les
progrès menaçans de cette vertu dégénérée, il faut avoir recours à cette
même vertu pure & foutenue.

LE MAGISTRAT.

Point du tout. Il eſt d'autres réſſour-
ces ; & l'on peut très-bien ſe paſſer de
la magnanimité , dans quelque circonſ-
tance que ce ſoit. Entre les combinai-
ſons ſans nombre qui ſe font des qualités de l'eſprit & des penchans du
cœur, il en eſt deux auxquelles nous
faiſons une ſinguliere attention dans ce
pays-ci. L'une réunit de grandes vûes,
des paſſions foibles & de la probité ;
l'autre, de petites vûes, des paſſions
fortes & de la vertu. Avec le premier
caractere , on eſt fait pour conſeiller ;
avec le ſecond, on eſt fait pour agir.
Nous conſultons les uns , nous em-
ployons les autres à l'exécution.

DUNCAN.

Mais ne voyez-vous pas que , par
cette conduite, vous uniſſez les grandes vûes , les paſſions fortes & la vertu,

& que vous en compofez une vraie magnanimité.

LE MAGISTRAT.

J'en conviens ; mais c'eft une magnanimité dont les piéces féparées appartiennent à différens hommes , & ne forment point un tout fufpect. S'il n'étoit que des citoyens femblables à ceux que nous confultons , ou que nous faifons agir , nous jouirions de tous les avantages de la magnanimité , fans avoir un feul homme magnanime , toujours à craindre quand il dégénere , & qui dégénere fi aifément. Mais c'eft trop s'arrêter à differter : la République eft peut-être en danger. Vous voyez l'importance de l'objet qui nous occupe , fouffrez que je vous quitte , & que j'y donne mon attention.

DUNCAN.

Il y auroit de l'indifcrétion à fe donner , parmi vous , pour magnanime ; &

ce seroit être vain, que de se croire de
la pusillanimité : mais, quel que je
sois, si le mauvais sort de la République lui prépare des périls, & qu'elle
juge à propos de m'employer, com-
mandez, ma vie est à elle.

CHAPITRE III.

Etat de la philosophie parmi les Galligènes.

J'AI dit quelque part, que les Galligènes donnent une éducation complette, & exactement la même, à tous les jeunes gens de l'un & l'autre sexe. Qu'il naisse entr'eux un de ces heureux génies faits pour éclairer les autres, les soins de la République, qui s'étendent à tous les citoyens, ne manquent jamais d'en favoriser le développement, & de lui donner tous les secours qui lui sont nécessaires. C'est le seul pays où la nature ne travaille jamais en vain : rien de ce qu'elle présente n'est négligé ; aucun talent ne reste dans l'abandon & dans l'oubli ; tout est mis en œuvre, & les Galligènes avancent, de toutes leurs forces possibles, dans la carriere des fciences & des arts. Voici l'idée que Duncan donne de leurs progrès.

Dans la phyfique, ils fe font prefque toujours attachés à d'autres branches que celles que nous cultivons ; de forte que nous avons beaucoup de connoiffances qu'ils n'ont pas, & qu'ils en ont beaucoup que nous n'avons point. Je parle des connoiffances expérimentales, & de la fcience des faits ; car, quant aux caufes, nos expériences détruifent leurs fyftêmes, & nos fyftêmes font détruits par leurs expériences.

Entr'autres, ils ont fait une découverte qu'ils vantent peut-être un peu trop : c'eft ce qu'ils appellent *variation du centre de la terre & des corps graves*. Un plomb fufpendu en l'air, à un fil de plus de cent pieds de haut, leur a décélé ce myftere. Ce plomb s'éloigne deux fois par jour, & deux fois fe rapproche de la perpendiculaire. Cette variation, trop légere pour ébranler les corps folides qui font fur la furface de la terre, eft, felon eux, affez confidé- rable pour émouvoir les fluides qui en- vironnent le globe. Dans l'air, elle oc- cafionne, ou diffipe, fuivant les cir- conftances, les vents, les pluies & les orages; &, dans les eaux de la mer, elle produit le flux & le reflux.

Ils font auffi avancés que nous dans la métaphyfique; je veux dire qu'à cet égard leur ignorance égale la nôtre: mais ils fe font égarés par d'autres rou- tes. Duncan fut tout étonné de la fingu- larité de leurs erreurs; & ils ne furent pas moins étonnés de la fingularité des fiennes. Chacun fe familiarife avec fes folies : on n'eft jamais furpris que de celles des autres.

Si nous en croyons Duncan, nous laiffons les Galligènes fort en arriere, à l'égard de la morale. » Croiroit-on, » dit-il, qu'ils ne fçavent pas encore

» que l'intérêt personnel est le seul mo-
» bile de toutes les actions des hommes.
» Ils s'imaginent que chacun de nous
» n'est pas incessamment occupé de soi.
» Ils ignorent que c'est nous-mêmes que
» nous aimons dans les autres, & que
» nous ne faisons jamais de bien, qu'en
» vûe de celui que nous attendons «.
Ce qui fâcha le plus Duncan, c'est qu'il
perdit son tems à leur dire de très-bel-
les choses, pour leur apprendre à connoître l'homme & à le mépriser : il ne
réussit point à leur persuader qu'ils ne
pouvoient trouver la vertu aimable par
elle-même, ni faire, dans aucune cir-
constance, le bien, pour le seul plaisir de le faire. Toute erronnée qu'il
trouve la morale des Galligènes, il nous
en donne pourtant une idée, à cause de
la singularité.

» L'amour de ses semblables est gra-
» vé dans tous les cœurs, disent les Gal-
» ligènes. L'amour de soi-même l'affoi-

B v

» blit souvent, mais ne l'éteint jamais.
» Dans les contrées même où chacun a
» sa terre, sa moisson, sa femme, ses
» enfans, sa famille, ses amis; con-
» trées où le droit de propriété donne
» tant de force à l'intérêt personnel,
» l'amour de ses semblables se décele
» souvent, lorsqu'on paroît s'en occu-
» per le moins : témoin cet attendris-
» sement que la pitié arrache si fré-
» quemment aux hommes les plus dé-
» voués à eux-mêmes; pitié que quel-
» ques-uns ont en vain voulu confon-
» dre avec la crainte de subir un sort tel
» que celui qui nous attendrit ; com-
» me si ces deux sentimens, lors mê-
» me qu'ils se réunissent, n'étoient pas
» manifestement distincts.

» La Providence nous inspire l'amour
» de nous-mêmes, pour que nous veil-
» lions à nous, & l'amour de nos sem-
» blables, pour que nous nous intéres-
» sions à eux ; afin que, chacun étant

» attaché à foi & à ceux qui l'environ-
» nent, tous vivent dans l'union, la
» concorde & la paix. C'eſt donc man-
» quer à la Providence, & ſortir de
» l'ordre, que de ne pas ſuivre ces inſ-
» pirations, & à notre égard, & à l'é-
» gard des autres.

   » Ainſi, quand les circonſtances ſont
» telles, qu'en faiſant notre bien-être,
» nous faiſons celui des autres, non-
» ſeulement nous pouvons, mais en-
» core nous ſommes tenus d'agir. Mais
» s'il arrive que, pour faire notre bien,
» il faille nuire aux autres, nous ne
» pouvons agir ſans nous rendre cou-
» pables envers la Providence, qui
» veut le bien-être de tous les hom-
» mes, & conſéquemment ne veut pas
» qu'aucun faſſe le ſien aux dépens de
» celui des autres, puiſqu'elle nous
» inſpire l'amour de nos ſemblables.

   » C'eſt donc un devoir indiſpenſable
» pour nous, d'étudier en quoi nous

» pouvons être utiles ou nuisibles à ceux
» qui nous environnent, afin de ne ja-
» mais nous écarter de ce que nous
» leur devons. Les hommes vivent en
» société, & le bonheur des membres
» dépend de l'harmonie du corps. Cha-
» que peuple a ses loix, ses usages, ses
» maximes de conduite, dont l'obser-
» vation fait l'harmonie du tout, & le
» bonheur de chaque citoyen. Man-
» quer à ces loix, c'est occasionner une
» dissonance ; c'est troubler l'ordre;
» c'est ébranler l'économie politique.
» Il faut donc nous soumettre aux ma-
» ximes de conduite qu'admet la patrie.

» En conséquence de la variété des
» climats, des tempéramens, des ca-
» racteres, des besoins, des circons-
» tances, la plûpart des choses qui sont
» utiles à un peuple, pourront être pré-
» judiciables à un autre. Les loix doi-
» vent donc varier ; & un homme ver-
» tueux dans un pays, se rendroit cri-

» minel dans tel autre, s'il se compor-
» toit de la même maniere dans les
» deux.

» Il y a donc beaucoup de choses in-
» différentes par elles-mêmes, aux-
» quelles les circonstances donnent le
» caractere de bien & de mal, de vice
» & de vertu. Par exemple, c'est une
» chose indifférente en elle-même, que
» vous n'ayez qu'une femme unique,
» ou que vous en ayez quatre, ou que
» toutes les femmes d'un pays soient
» vos épouses. Mais, chez nos freres
» les Européens, il y a une loi qui
» porte que chacun des citoyens n'aura
» qu'une femme : un François qui re-
» garderoit toutes ses compatriotes
» comme ses épouses, & s'accommo-
» deroit aujourd'hui de l'une, & de-
» main d'une autre, sortiroit de l'or-
» dre, auroit une conduite préjudicia-
» ble à la société, & se rendroit cri-
» minel. Parmi nous, il y a une autre

» loi, qui porte que toutes les Galli-
» gènes feront les époufes de chaque
» citoyen : celui d'entre nous qui s'en
» tiendroit à une feule, & négligeroit
» les autres, iroit contre le bon ordre,
» & fe rendroit coupable. C'eft que ce
» qui étoit indifférent par foi-même, a
» ceffé de l'être en vertu de la loi.

» Parmi les nations où le droit de
» propriété eft établi, le larcin eft un
» crime. Mais qu'un peuple, en réflé-
» chiffant fur foi-même, & fe trouvant
» dans un engourdiffement, une pa-
» reffe, une indolence qui pourroient
» lui devenir funeftes, imagine de to-
» lérer les larcins, pour réveiller l'at-
» tention, en forçant le propriétaire
» à veiller fur ce qui lui appartient,
» & pour remuer l'imagination affou-
» pie, en permettant de s'approprier
» par adreffe tout ce qu'ils pourront ;
» dès-lors le larcin ceffe d'être un crime.

» Ainfi, dans tel pays, où le larcin,

» la pluralité des femmes, toute autre
» chofe vous eft interdite, vous devez
» vous foumettre & vous abftenir ; non
» pas que rien de tout cela foit mau-
» vais en lui - même, mais parce que
» la loi, qui marque ce qui eft utile ou
» nuifible aux citoyens, vous le défend,
» & que l'amour inné de vos fembla-
» bles vous prefcrit de ne pas nuire aux
» citoyens pour fatisfaire vos paffions.

» Loin de nous ces raifonneurs in-
» fenfés, ces efprits étroits, qui, con-
» fidérant que ce qui eft louable dans
» un pays, eft condamnable dans un
» autre, difent que le bien & le mal
» moral ne font que des chofes de con-
» vention, & blafphèment contre la
» vertu. Ils ne voyent pas que l'amour
» pur & défintéreffé de fes femblables
» eft la vraie vertu ; vertu primitive ;
» vertu mere de toutes les autres ; vertu
» qui ne varie jamais, ni dans fon but,
» qui eft le bonheur de l'humanité, ni

» dans ſes moyens, qui ſont la bienfai-
» ſance, la ſoumiſſion aux loix, tout
» ce qui peut être utile à la ſociété;
» vertu regardée comme telle dans tous
» les tems, dans toutes les circonſtan-
» ces, & par toutes les nations; vertu
» qui ſeule fait le mérite de nos actions;
» vertu qui nous fait eſtimer les hom-
» mes, en nous donnant de la conſidé-
» ration pour leurs ſentimens & leur
» penchant naturel, & fait diſparoître
» le mépris qu'inſpireroit pour eux
» l'idée ſeule que chacun ſe guide en
» tout par le ſeul intérêt perſonnel;
» vertu, le plus précieux don de la
» Providence, dont chacun trouve le
» germe dans ſon cœur, dès qu'il veut
» l'y chercher; vertu enfin qu'il fau-
» droit ſuppoſer, quand bien même
» elle n'exiſteroit pas.

» Que ceux qui aviliſſent l'homme
» au point de lui refuſer tout autre
» mobile que l'intérêt, calculent avec

» lui , & lui perſuadent , s'ils le peu-
» vent , qu'il eſt de ſon utilité de ne ja-
» mais ſortir des bornes de l'honneur
» & de la probité. Pour nous , qui re-
» gardons l'homme ſous un plus noble
» aſpect , nous ne négligerons rien
» pour ranimer en lui ce pur amour de
» ſes ſemblables , que l'amour de ſoi-
» même ne refroidit que trop ſouvent.
» Nous nourrirons ce feu ſacré émané
» de la ſageſſe éternelle ; nous en tire-
» rons une lumiere ſûre qui éclaire no-
» tre conduite & dirige nos actions : s'il
» ſe peut , nous lui donnerons cette ac-
» tivité qui éleve l'homme au-deſſus de
» lui , & en quelque ſorte l'approche
» de la Divinité «.

CHAPITRE IV.

Vûes neuves des Galligènes sur l'agricul-
ture. Plante admirable, mais de la-
quelle Duncan ne s'oblige pas à don-
ner de la graine.

UN jour Duncan se promenoit dans
les champs, &, suivant sa coutume,
faisoit de profondes réflexions, & tom-
boit dans d'étranges surprises au sujet
des mœurs, du gouvernement & de la
morale de ses freres les Galligènes. S'il
y voyoit du bon, il y voyoit aussi beaucoup à réformer ; &, tout bien consi-
déré, il concluoit que, pour rendre une
société heureuse, il faudroit lui pres-
crire partie des loix de son pays, partie de celles des Galligènes. Tandis qu'il
imaginoit le plan d'une République,
& faisoit un mauvais assemblage de
choses bonnes prises en particulier, il

fut diftrait par la vûe de vingt ou trente hommes qui préparoient un champ, & trompoient leur travail par des chanſons que l'un d'eux fredonnoit d'une voix aſſez diſcordante. Le frere Européen trouva encore ici un nouveau ſujet d'étonnement & de critique. La terre que l'on préparoit, étoit noirâtre, graſſe & médiocrement peſante, c'eſt-à-dire, très-féconde. Les Galligènes s'occupoient à y mêler en abondance, des cailloux, du gravois & du ſable aride. Si c'eſt amuſement, dit en lui-même Duncan, c'en eſt un bien imbécille ; & ſi c'eſt une maniere de préparer la terre, c'en eſt une bien inepte. Il s'approcha : mes enfans, leur dit-il en ſouriant, j'ai lu beaucoup de livres d'agriculture, mais je ne connoiſſois pas encore l'eſpéce d'amendement dont je vous vois faire uſage. Je veux croire que vous avez beaucoup lu, répondit un des travailleurs ; mais vous n'avez

pas tout vu. Chacun a fa méthode :
voici la nôtre.

D U N C A N.

Elle eſt aſſûrément bien nouvelle
pour moi : mais je crois qu'il vous faudroit bien des années d'une ſemblable
culture pour augmenter la fécondité de
ce terroir.

L E G A L L I G E N E.

Auſſi notre deſſein n'eſt pas de l'augmenter, mais de la diminuer.

D U N C A N.

C'eſt-à-dire que ces Meſſieurs culti-
vent la terre, afin de la rendre plus ſté-
rile.

L E G A L L I G E N E.

Préciſément.

D U N C A N.

Et vous avez ſans doute de bonnes
raiſons pour vous comporter d'une ma-

niere qui femble fi oppofée au fens commun ?

LE GALLIGENE.

Nous le croyons ; & , fi vous les fçaviez , peut-être en parleriez-vous avec un peu plus de circonfpection.

DUNCAN.

Je cherche à m'inftruire : ne pourrois-je pas connoître fur quels principes vous fondez une agriculture fi extraordinaire ?

LE GALLIGENE.

Rien n'eft plus aifé ; mais , avant tout , je vous prie de m'éclaircir vous-même fur un point. Nous préparons ce terroir pour la vigne : quel climat penfez-vous convenir le mieux à ces fortes de plantations ?

DUNCAN.

La vigne, pour profpérer, demande un climat qui ne foit ni exceflivement chaud, ni exceffivement froid. Le trop grand froid fait languir la digeftion des fucs ; le fruit refte acerbe. La trop grande chaleur précipite la digeftion ; les combinaifons trop hâtées ne fe font point avec juftefte ; le raifin manque de qualité.

LE GALLIGENE.

Fort bien. Et, dans les climats tempérés où l'on cultive la vigne avec fuccès, ne peut-on pas encore diftinguer ceux qui inclinent au chaud, comme l'Italie, de ceux qui inclinent au froid, comme votre France ?

DUNCAN.

Sans doute ; & les premiers femblent les plus propres à la culture de la vigne. Là, vous pouvez, en quelque forte, l'abandonner à elle-même. Qu'elle fe nourriffe d'un fuc abondant, qu'elle croiffe & prenne toute l'étendue dont elle eft capable, il n'importe : la cha-

leur du climat cuit & digere tous les
sucs, quelque abondans qu'ils soient.
Il n'en est pas de même des climats qui
inclinent au froid. Ils demandent des
vignes qui ne s'étendent pas trop, qui
ne prennent pas trop de nourriture, qui
donnent des grapes dont les grains
soient petits, menus & rares, afin que
la chaleur, toute modérée qu'elle est,
puisse suffire à la coction des sucs.

LE GALLIGENE.

Ainsi, dans ces sortes de climats, une
terre succulente & fertile n'est pas ce
qu'il faut à la vigne. Où l'on n'en trouve
que de telle, il faut l'amaigrir & la dé-
tériorer : il faut y mêler du gravois, du
sable aride & des cailloux. Vous avez
donc vous-même trouvé les principes
qui, à cet égard, servent de fonde-
ment à notre agriculture.

DUNCAN.

J'entre maintenant dans les raisons

de votre conduite, & ne puis les dé-
faprouver. Mais ce qui me furprend
en ce moment, c'eft que je ne·vois
pas ici une feule vigne femblable à
celle d'Europe. Pourquoi avez-vous
d'autres efpèces que nous ? & fi vous
avez trouvé le moyen de vous procu-
rer, à volonté, de nouvelles efpèces,
pourquoi n'en cherchez-vous pas qui
ait plus de rapport à votre terroir, &
à votre climât, & vous donne de
meilleur vin ?

LE GALLIGÈNE.

Auffi, depuis long-tems, en cher-
chons-nous : mais cela eft plus long &
pénible que vous ne l'imaginez. Lorfqu'Almont, notre pere & notre fondateur, confioit à la terre les germes
précieux & féconds qui devoient nour-
rir fa nombreufe poftérité, il vit que
les menues graines lui donnoient des
efpèces précifément femblables aux
plantes

plantes qui les avoient produites. Mais
les pépins & les noyaux, quoique pro-
venus de bons arbres fruitiers, ne lui
donnerent que des arbres fauvages, &
des fruits agreftes, qui étoient fans faveur, ou bien en avoient une défagréa-
ble. Il crut que le terroir de fon ifle
n'étoit point favorable à ces efpeces,
& long-tems il en négligea la culture.
Un jour, confidérant que le germe de
fruits excellens n'en avoit produit que
de mauvais, il conçut que le germe de
mauvais fruits en pourroit donner de
bons. Excité par le befoin, né avec
l'efprit obfervateur, & pourvu de la
patience néceffaire à quiconque entre-
prend de pénétrer dans les magafins de
la nature, & d'approfondir fes reffour-
ces, il ne balança point à tenter l'ex-
périence. Il fema, tous les ans, les germes des mauvais fruits que fes arbres
fauvages lui donnoient, & le fuccès
répondit à fes vues. Dans une multi-

tude d'arbres de nulle valeur, il en trouva quelques-uns de bons : en moins de vingt ans, il se vit riche de plusieurs sortes de fruits, plus savoureux les uns que les autres, & qui, plus ou moins précoces ou tardifs, ne le laissoient jamais dépourvu. Dès - lors, il cessa de semer, &, par le moyen des greffes, il multiplia les especes. De tous les arbres qu'il sema & cultiva, la vigne seule ne répondit pas à ses soins ; quelques différentes especes qu'il plantât, aucune ne lui donnoit d'aussi bon raisin qu'il eût voulu. Depuis Almont, ces semis de vignes ont été long-tems interrompus. Nous les avons repris il y a plusieurs années, sans avoir encore pu trouver cette espece parfaitement convenable à notre terroir. En attendant, nous profitons des autres ; &, pour en tirer le vin le moins mauvais qu'il soit possible, nous leur préparons la terre comme vous voyez. Ah !

M. Duncan, il y a bien des myſteres à dévoiler, & bien des avantages à découvrir à l'égard des plantes ; & l'homme ne tire pas, à beaucoup près, tout le parti qu'il pourroit de ces animaux ſilentieux.

DUNCAN.

Que me venez-vous dire d'animaux ſilentieux ? Une telle idée peut-elle entrer dans une tête auſſi-bien organiſée que la vôtre me paroît l'être ? Quoi! vous croyez du ſentiment aux plantes, & vous les prenez pour des eſpeces d'animaux ?

LE GALLIGENE.

Sans doute. Et vous, pour qui les prenez-vous donc ? Eſt-ce que des individus qui naiſſent, vivent & meurent, qui croiſſent & multiplient, qui ſont ſains & malades, peuvent être autre choſe que des animaux ?

C ij

DUNCAN.

Quelques phyficiens d'Europe nous ont dit la même chofe, avec les mêmes raifons. Mais nous avons pris tout cela pour un jeu d'efprit ; nous n'en avons fait que rire.

LE GALLIGENE.

Je ne doute pas qu'en Europe on ne fache rire très-à-propos ; mais je ne vois pas, qu'à cet égard, on en ait un ample fujet. Dites-moi, n'avez-vous pas, dans votre pays, des plantes qui fuyent l'attouchement, & donnent des fignes manifeftes de fenfibilité ?

DUNCAN.

Oui, nous avons des plantes automates ; mais nous expliquons méchaniquement leurs mouvemens, non pas très-clairement, à la vérité ; mais cela vaut toujours mieux que de les croire des animaux,

LE GALLIGENE.

Puifque vous avez des plantes qui
fuyent, vous en avez fans doute auffi
qui fe plaignent ?

DUNCAN.

Qu'appellez-vous des plantes qui fe
plaignent ?

LE GALLIGENE.

Oui, des plantes qui, quand on les
bleffe, s'agitent & fe retirent en fou-
pirant. Entrons un moment dans cette
cabanne. Voyez, dans cette caiffe, un
arbriffeau de hauteur d'homme. Ce
verd tendre, ces rameaux déliés, ces
feuilles minces & prefque fans confif-
tence, vous annoncent la molleffe de
fon tiffu, & la foibleffe de fa conftitution. Auffi eft-il d'une délicateffe extraordinaire, & nous avons une peine
extrême à l'élever. Il en naît quelques-

uns dans nos champs ; mais ils meurent bientôt. Celui-ci a près de dix ans , & nous coûte des foins infinis. Il femble que la nature , pour dédommager cette plante de la débilité de fes organes , lui ait fait don de la voix , afin qu'en manifeftant fes douleurs , elle pût attendrir l'homme & l'intéreffer à fon fort. Vous pouvez la toucher légérement , & comme en la flattant , elle reftera dans le filence. Mais fi , preffant un peu fortement fes feuilles , vous allez jufqu'à rompre quelque fibre , elle gémit , elle fe plaint des douleurs que vous lui faites reffentir. Entendezvous ces petits fo pirs , qui paroiffent fortir des fleurs, & qui en effet fortent du calice globuleux qui les foutient. Quand elle a foif , quand elle a chaud , quand elle a froid , quand elle manque d'air , quand elle en a trop , elle fait les mêmes plaintes ; ce font des gémiffemens réels ; elle implore votre secours, & votre cœur seroit bien dur s'il n'en étoit touché. La voilà bientôt au moment où la génération des germes doit s'opérer. C'est le tems des amours des plantes. Si vous l'entendiez alors, comme elle babille. Ce ne sont plus des cris douloureux ; mais des sons pleins de douceurs, des soupirs de volupté ; on diroit de deux amans heureux.

DUNCAN.

Vous me montrez-là une plante bien extraordinaire : il y a plus, vous me la faites entendre ; j'en suis stupéfait. Mais, enfin, est-ce un animal ? Ces soupirs ne sont que de petites explosions de l'air, renfermé dans le calice. Les fibres du calice, en se resserrant, le font sortir par secousse & avec précipitation ; de-là, ces sons que vous prenez pour des plaintes.

LE GALLIGENE.

Sans doute; & le cri des animaux
ne vient-il pas d'un pareil jeu dans les
organes de la voix. Comme eux, le
plaintif (c'eſt ainſi que nous nommons
cet arbriſſeau) a ſon organe vocal ;
c'eſt, dans ſon eſpece, un animal qui
a de la voix. La ſenſitive eſt une autre
eſpece d'animal muet, qui a du mouvement. La plûpart des autres plantes,
n'ont ni voix, ni mouvement ſpon-
tané, & n'en ſont pas moins des animaux, dont le caractere eſſentiel eſt
la ſenſibilité. Mais je paſſe à diſcourir,
un tems que je dois au travail. Adieu,
Monſieur Duncan. Souvenez-vous qu'il
ne faut pas rire, quand on vous dira
que les plantes pourroient bien être
des animaux ; & qu'un homme qui
améliore ſa terre avec du gravois &
des cailloux, n'a pas toujours tort.

CHAPITRE V.

Conjuration de Montmor Etat des Galligènes. Leurs mœurs ne s'améliorent pas plus que celles de bien d'autres nations. Caractères de Montmor & d'Alcine. Amours qui ne reſſemblent à rien.

Vers ce tems la République reçut une ſecouſſe, dont elle fut ébranlée juſques dans ſes fondemens. Duncan, qui ſe laſſoit d'écrire ces mémoires, peut-être autant que le lecteur ſe laſſe de les lire, nous tranſmet l'hiſtoire de cette révolution, telle qu'elle fut donnée, peu de tems après, par un Hiſtorien de Galligénie. Ce n'eſt pas qu'il la trouve bien écrite; mais c'eſt qu'il la trouve écrite.

JE ſuis fort éloigné de penſer qu'il y ait une grande utilité à retirer de l'hiſtoire. La connoiſſance qu'elle donne des hommes, les entrepriſes de tout genre dont elle décrit la conduite &

C v *

l'iſſue, en un mot, les affaires humai-
nes dont elle tient regiſtre, ſont autant
de leçons données aux méchans comme
aux bons ; ſans doute elle peut également encourager le crime & la vertu :
j'écris pour ſatisfaire ce deſir inné, qui
nous porte à tranſmettre à la poſtérité,
ce qui, de notre tems, s'eſt fait &
penſé de plus mémorable ; comme ſi,
laiſſant un long ſouvenir, nous nous
dédommagions de notre courte exiſ-
tence. Malheureuſement je n'ai pas à
montrer, des mœurs réglées, douces
& uniformes, des hommes vertueux à
l'envi les uns des autres, des tems heureux, qui ne ſoient illuſtrés par aucune
action d'éclat. Je décrirai des objets
plus faits pour l'hiſtoire, des mœurs
perverties, des complots atroces, des
citoyens égorgés les uns par les autres.

Tant que les Galligènes ne forme-
rent qu'une famille naiſſante, la paix
& la vertu furent leur partage. Dès que

leur nombre s'accrut, l'attachement à la patrie & aux devoirs diminua ; & l'homme, je ne fçais par quelle fatalité, étant contagieux pour l'homme, notre société devint vicieufe, dès l'inftant qu'elle devint nombreufe. D'abord, foible & timide, le vice fe cachoit, & pulluloit en rampant ; dans la fuite, il prit de la hardieffe en prenant des forces ; enfin, nous venons de le voir, à fon plus haut point, tenter le plus horrible de tous les projets. Montmor, affez connu de fes concitoyens, & non affez craint ; Alcine, la femme de la République la plus confidérée, & qui le méritoit fans doute, mais non pas à tous égards ; l'un, par une ambition audacieufe, l'autre, par une conduite imprudente, viennent de porter, à leur patrie, un coup dont elle fe reffentira long-tems, & qui, peut-être, deviendra mortel.

Montmor étoit d'une taille avanta-

geufe, d'une phyfionomie prévenante ;
& d'un abord féduifant. Il connoiffoit
les hommes ; il avoit l'art dangereux de
les faire agir , pour fes intérêts , en
leur perfuadant qu'ils agiffoient pour
les leurs. A des paffions fortes , il joi-
gnoit la plus grande activité d'efprit ;
caractere également propre aux plus
belles actions & aux plus grands crimes , & toujours à craindre dans un
Etat tranquille. Né avec des vues étendues & des défirs vaftes, il avoit toutes
les qualités, bonnes & mauvaifes , qui
peuvent faire réuffir des projets ambitieux. Ailleurs , en fuivant fes penchans , c'eût été , peut-être , un héros ;
chez les Galligènes , ce ne pouvoit être
qu'un féditieux.

Alcine n'étoit point de ces beautés
piquantes, qui n'appellent qu'à la volupté. Elle infpiroit du refpect , en
même tems que de l'amour ; & la
moindre attention de fa part étoit

plus eftimée, que les faveurs les plus marquées des autres. Son caractere étoit formé de toutes les qualités qui man-quoient à Montmor. Elle avoit moins de vivacité, & plus de jufteffe ; moins d'activité, & plus de prudence ; moins de pâffions fortes, & plus de douceur ; moins d'ambition, & plus d'élévation dans l'ame.

Montmor aimoit Alcine, il en étoit aimé. Par elle-même, elle avoit tout ce qu'il faut pour toucher un cœur, &, malheureufement, pour le fixer. De plus, elle jouiffoit d'une confidération générale ; aucun citoyen ne lui refufoit ces hommages, dûs à la beauté unie au mérite & à la vertu. Porté par inclina-tion vers Alcine, Montmor s'y portoit, peut-être, encore plus par ambition ; il aimoit à s'attacher un cœur qui fai-foit l'objet des vœux de tous fes com-patriotes.

Il eft, dans la nature, de défirer

d'être aimé, quand on aime; y eſt-il
de vouloir être aimé ſeul? Montmor
ne ſe contenta pas d'avoir fait pancher
Alcine en ſa faveur; il forma le deſſein
de ſe l'attacher pour toujours, à l'ex-
cluſion de tout autre; il vouloit con-
tracter avec elle, cette union criminelle & ſcandaleuſe, connue ſous le
nom de mariage. Mais le devoir rete-
noit la vertueuſe Alcine; elle ne pouvoit ſe réſoudre à ſe donner à un ſeul.
Montmor ne ſe découragea pas; il
devint ſi preſſant, il ſçut ſi adroite-
ment émouvoir une ame déja vaincue
par ſon malheureux penchant, qu'Alcine, ébranlée par tant de ſollicita-
tions, & par ſa propre paſſion, réſo-
lut de ſatisfaire, en partie, les deſirs
de ſon amant, ſans trop s'éloigner de
ſes devoirs, & crut en avoir trouvé
le moyen. Elle lui promit de l'aimer
ſeul; voilà ce qu'elle donnoit à ſon
amour. Elle ajouta, qu'elle ne feroit

jamais rien pour aucun autre; mais, que jamais non plus, elle ne feroit rien pour lui - même; voilà ce qu'elle donnoit à son devoir : elle aimoit mieux vivre dans une continence perpétuelle, que d'accorder à lui seul, ce qu'elle devoit à tous. Cette déclaration flattoit Montmor; mais ne le satisfaisoit pas. Son parti étoit pris, le crime étoit consommé ; il vouloit vivre, avec Alcine, à la maniere d'Europe. Il redoubla ses assiduités & ses empressemens, ce fut en vain. Alcine, ferme dans sa résolution, s'expliqua tant de fois, & si positivement, qu'enfin Montmor perdit tout espoir.

Depuis long-tems, cet esprit ardent & ambitieux, rouloit des projets de révolte. Il eût voulu faire disparoître l'égalité des Galligènes, établir entre eux divers rangs, & s'emparer du premier. Il eût voulu introduire le commerce, lier avec toutes les nations, étendre sa renommée par toute la terre.

Enfin, il eût voulu fubftituer les loix européennes, à celles de la République, & réunir, fur lui, tous les avantages qu'elles donnent aux uns, aux dépens des autres. Balancé entre ces vues féditieufes, & les difficultés du fuccès, l'amour le détermina. Les loix d'Europe établi... , fa paffion rentroit dans l'ordre, fes prétentions devenoient légitimes, & la vertu invitoit Alcine à fe donner à lui fans réferve. Son amour, d'accord avec fon ambition, emporta la balance; il prit le parti de facrifier fa patrie à l'un & à l'autre, & ne s'occupa plus que de la conduite de ce projet barbare.

CHAPITRE VI.

Grande sageffe de Montmor, à faire de grandes fottifes. Il prépare une révolution, affemble des conjurés, & leur fait entendre que, pour le bien de la République, il faut la bouleverfer.

Montmor connoiffoit le caractere de la plûpart de fes compatriotes ; il les paffa tous en revue dans fon efprit, & deftina, dès-lors, à fes deffeins ceux qui, diftingués dans quelque genre, croiroient aifément gagner aux nouveautés, & qui, naturellement remuans, fembloient devoir applaudir à fon entreprife. Efprit fouple & délié, il les enveloppa de fes rufes, & les amena, par degrés, à fon but. Il fe gliffoit, comme un ferpent, & laiffoit par - tout des traces du poifon qu'il nourriffoit dans fon cœur.

Il félicitoit les citoyens laborieux, fur leur amour pour le travail, exagéroit les obligations que leur avoit la République ; &, leur repréfentant malignement l'impoffibilité légale où elle étoit de les récompenfer, il leur laiffoit à penfer combien étoit défectueufe une police qui ne pouvoit leur rendre juftice, ni les diftinguer des fainéans, que leur travail entretenoit dans l'oifiveté. Il applaudiffoit au travail des gens de lettres, prodiguoit les plus grands éloges à leurs ouvrages, & les plaignoit, fur la néceffité où ils étoient, de s'employer, comme les autres, aux travaux les plus vils, eux qui étoient faits, difoit-il, pour donner des leçons au genre humain, & pour être fervis & honorés par des difciples foumis. Il ajoutoit que, dans l'aviliffement où ils vivoient, les talens ne pouvoient fe déployer qu'imparfaitement, & que les meilleurs écrits annonçoient feule-

ment, ce que leurs auteurs auroient pu
faire fous un gouvernement plus favorable au génie. Il flattoit ceux auxquels
il connoiſſoit de la vanité & de l'ambition, qu'il appelloit la ſource du courage, & l'aiguillon des grandes ames.
Il admiroit cette nobleſſe de ſentiment,
qui leur faiſoit ſentir toute la ſupé-
riorité qu'ils avoient ſur le reſte des
hommes. Mais que leur ſervoit, diſoit-
il, ces grandes qualités, dans un Etat
qui les confondoit avec les ames les
plus viles ? Que leur ſervoit d'être nés
pour s'élever aux plus hauts rangs, dans
un pays où l'on ne trouvoit ni premiers
ni derniers ? Que leur ſervoit enfin cet
attrait puiſſant, qui les portoit aux actions d'éclat, dans une République
dont les loix les retenoient dans une
éternelle inaction ?

Après avoir laiſſé fermenter quelques mois le levain de la ſéduction, on
le vit bientôt s'expliquer avec plus de

clarté, & fe plaindre plus hautement de la conftitution de l'Etat. Mais en cela, il fe comportoit avec une telle adreffe, qu'il fembloit prendre les fentimens des autres, & non leur faire adopter les fiens. Il échauffoit leur efprit; &, partant d'après les paroles qui leur échappoient, pour en tirer de plus pofitives, il les amenoit enfin à hafarder des propos manifeftement féditieux. Par cette conduite, il s'affuroit d'autant plus du fecret, qu'ils penfoient avoir été les premiers à ouvrir le confeil de la révolte, & fe regardoient comme plus emportés que Montmor. De forte qu'il n'y eut pas un des conjurés qui ne fe crût l'un des premiers mobiles de la fédition.

Montmor, actif & vigilant, ne tarda pas à former de petits confeils avec fes confédérés, en affemblant tantôt les uns, tantôt les autres. Là, il préfentoit le prétexte de l'intérêt public, à

ces citoyens pervertis, & déja difposés
à tout entreprendre, par intérêt perfonnel. » Si votre avantage & le mien
» étoient nos feuls motifs, leur difoit-
» il, vous ne me verriez pas preffer,
» avec tant d'ardeur, l'exécution de
» notre généreufe entreprife. Mais la
» voix de la patrie parle à mon cœur,
» & doit toucher le vôtre. Le gouver-
» nement actuel pouvoit convenir,
» dans ces premiers tems de la Répu-
» blique, tems obfcurs, où l'ignorance
» & la fimplicité ne mettoient aucune
» différence entre les Galligènes. Mais
» aujourd'hui, que les qualités per-
» fonnelles rendent les citoyens fi fu-
» périeurs, ou fi inférieurs les uns aux
» autres, l'égalité & la communauté
» ne font plus qu'une injuftice, qui
» confond celui qui mérite, avec celui
» ne mérite pas. La République n'a-
» t-elle pas enfin acquis toute fa force,
» & la conduite d'une jeuneffe vigou-

» reufe, doit elle être celle de l'enfance?
» Jufqu'ici fans idées , en petit nom-
» bre , & feulement occupés du né-
» ceffaire , les Galligènes n'ont pas
» même porté les yeux au-delà de leur
» ifle ; maintenant , de nouveaux avan-
» tages , & de nouveaux plaifirs , leur
» font réfervés ; il ne s'agit que de vou-
» loir , le commerce va nous ouvrir
» tous les tréfors de la terre. Dans la
» diftribution que la nature a faite de
» fes productions les plus rares aux dif-
» férentes habitations des hommes , la
» nôtre a , peut-être , été la plus fa-
» vorifée de toutes. La plante aërienne,
» que notre ifle feule produit , & dont
» les autres nations n'ont pas même
» d'idée , eft d'un prix ineftimable. Fai-
» fons part de ce lin précieux aux au-
» tres habitans de la terre , & recevons,
» de leurs mains , ce que leurs climats
» produifent de plus utile & de plus
» flatteur. Dès-lors , nous aurons des

» vivres pour cent fois plus d'habitans
» que nous ne fommes ; & , dès-lors
» tombera , d'elle - même , cette loi
» barbare , qu'une dure néceffité fit éta-
» blir ; cette loi , qui arrête le cours des
» générations , & prefcrit des bornes
» étroites à la nature , dans celle de
» toutes fes opérations où l'on devroit
» le plus favorifer fes efforts. Jufqu'à
» quand refterons-nous ifolés & fem-
» blables à des fugitifs qui craignent
» l'afpect des autres hommes ? Si vous
» n'êtés pas fenfibles à l'état d'abjection
» où vous vivez , qu'au moins l'intérêt
» de la patrie réveille votre zèle. Ou-
» vrez les yeux, voyez ce qu'elle eft, &
» ce qu'elle pourroit être. Elle vous tend
» les mains , que fa langueur vous tou-
» che. Armez-vous en fa faveur ; abo-
» liffez un gouvernement inactif , qui
» engourdit l'ame & flétrit le cœur des
» citoyens ; établiffez les loix euro-
» péennes , ces loix fages , qui doivent

» faire votre bonheur , & donner une
» nouvelle vie à la République ; conf-
» truifez des vaiffeaux , & que votre
» commerce appelle , des bouts de la
» terre, l'abondance & la profpérité «.

Ainfi les allicioit ce perturbateur
dangereux du repos public ; ainfi , pré-
textant l'utilité de fa patrie , il en préparoit la ruine. Séduits par ces appa-
rences captieufes , plus encore par leur
intérêt particulier , ils fe liguoient avec
lui , & juroient d'appuyer , de toutes
leurs forces , les réfolutions que pren-
droient les confédérés affemblés. Il les
congédioit , en exhortant chacun d'eux
à fonder , avec adreffe, les efprits ; à
faire entrer , dans la confédération ,
ces hommes ardens , nés pour les grands
projets ; à difpofer feulement aux changemens futurs , ceux qui ne mérite-
roient qu'une demi-confiance ; à fe cacher foigneufement de ces ames foibles,
que révolte l'idée feule des innovations.

Ces

Ces assemblées particulieres, ne
lioient pas assez les conjurés entre
eux ; &, d'ailleurs, on ne pouvoit prendre les derniers arrangemens, que dans
une assemblée générale. Elle fut indiquée.

CHAPITRE VII.

Vertus, d'une part ; crimes, de l'autre. Conseil des Conjurés. L'un d'entr'eux veut qu'on se défasse de la moitié des citoyens. On prend le parti de ne tuer que ce qu'il y a de plus respectable.

Tous les ans les Galligèns célebrent, dans la belle saison, la naissance de leur légiflateur. Cette fête est moins remarquable par la pompe, que par le zèle du peuple. Dans le cours du mois qui la précede, on entend chanter des vers à la gloire d'Almont : il semble qu'on accuse la lenteur du tems, & qu'on appelle le jour de la folemnité. Ce jour arrivé, les Galligènes s'assem-blent, au bruit des fanfares. Tout ce qu'ils ont pu imaginer d'agrément dans leur maniere de s'habiller, est mis en usage, & chacun s'est pourvu de bou-

quets, de couronnes, & de feſtons de
fleurs. Ils ſe mettent en ordre, ſortent
de la ville du côté de l'orient, avancent
un quart de lieue dans la plaine. Là,
ſur une petite éminence, fut inhumé
leur légiſlateur. Les Galligènes paſſent
ſucceſſivement à côté de ſon tombeau,
& le couvrent de fleurs. Cependant
l'air retentit, tantôt des acclamations
du peuple, tantôt du chant des hym-
nes, & des éclats harmonieux des ſym-
phonies. Des danſes ſe forment de tous
côtés : tout eſt en mouvement ; tout
inſpire la joie, le zèle & la vénération
pour Almont. L'hommage rendu aux
cendres de leur pere commun, les Galligènes ſe ſéparent. Les uns reprennent
le chemin de la ville ; les autres ſe diſ-
tribuent par troupes dans les boſquets
des environs ; tous prennent un repas
frugal ; mais où regne une gaieté d'autant plus vive & touchante, qu'elle eſt
univerſelle. La plûpart continuent de

s'entretenir des vertus d'Almont. Les danſes & les chants ſe renouvellent. Le reſte du jour s'écoule dans ces amuſe-mens dignes des premiers tems de la République ; il eſt nuit , & les échos répetent encore , de toutes parts , les louanges du légiſlateur des Galligènes.

Ce jour même , conſacré au fonda-teur de la République , fut choiſi par les Conjurés , pour délibérer ſur ſa rui-ne. La ceſſation des travaux , qui , diſ-perſant les citoyens , en appellent une partie dans les endroits de l'iſle les plus écartés , la joie publique , que l'inatten-tion ne manque jamais d'accompagner , tout favoriſoit leur aſſemblée furtive. Ce fut ſur le bord de la mer , entre des rochers eſcarpés , dont les amas ſtériles & confus inſpiroient je ne ſais quoi de féroce à ces ames déja altérées du cri-me , que l'horrible complot de Mont-mor fut cimenté & prit ſa derniere forme. Les Conjurés , réunis à l'heure indiquée, commencerent par nommer un chef; ce qui ne tarda pas. D'une voix unanime, on élut Montmor. Ils jurerent enfuite, de lui refter inviolablement attachés, d'obéir aveuglément à fes ordres; &, s'il en étoit befoin, de répandre leur fang & facrifier leur vie à l'intérêt de la caufe commune. Ils fixerent pourtant fon pouvoir, & leur dépendance, jufqu'au tems où les anciennes loix feroient abrogées, les nouvelles établies, & le peuple tranquille. Alors, ils devoient reprendre leur ancienne liberté, & nommer des Magiftrats, pour gouverner felon la nouvelle légiflation. Reftriction vaine, qui, ne défignant rien de précis, ni pour le tems, ni pour les circonftances, laiffoit à Montmor un pouvoir fans terme & fans limites.

Ils confulterent enfuite, fur ce qu'ils avoient à faire, pour fe foumettre la République, fe rendre les maîtres ab-

folus de leurs concitoyens, & établir
leurs nouvelles loix. L'un d'entr'eux, &
fans doute, le plus farouche de tous,
prit la parole : » Compagnons, leur
» dit-il, nous avons formé un projet,
» peut-être autant utile à la Républi-
» que, que glorieux pour nous ; mais
» qui peut auffi devenir fune..e aux uns
» & aux autres. Si nous n'affoibliffons
» les Galligènes, jamais ils ne defcen-
» dront jufqu'à nous obéir ; & , loin
» d'établir l'ordre que nous nous propo-
» fons, nous mettrons tout en confufion.
» C'eft à regret que j'ouvre un avis qui
» vous paroîtra, & qui me paroît à
» moi-même, violent & fanguinaire.
» Mais nous fommes en petit nombre,
» & nous ne pouvons devenir forts,
» que par la foibleffe des autres. Ele-
» vons-nous au-deffus des préjugés, &
» regardons comme vertu , un crime
» d'état qui mene à la gloire & à la
» profpérité de la République. Il faut

» épuiſer un corps que nous ne pou-
» vons dompter autrement ; il faut faire
» périr la plûpart des Galligènes qui
» ſont en état de porter les armes ; il
» faut faire périr nos Magiſtrats, ces
» vieillards trop reſpectés, pour que
» leur ſeul aſpect ne réveille pas l'a-
» mour d'un gouvernement que nous
» voulons abolir. Alors, nous verrons
» la République, ſans force & ſans
» reſſources, ſe ſoumettre à toutes nos
» vues ; &, lorſque le tems, la paix
» & l'abondance lui auront rendu ſa
» premiere vigueur, elle ſe trouvera
» pliée à la nouvelle adminiſtration ;
» &, bientôt, elle perdra juſqu'au ſou-
» venir de ſes anciennes mœurs «.

Un autre conjuré remontra qu'ils
ne s'étoient pas confédérés, pour ver-
ſer le ſang de leurs freres ; mais pour
leur faire adopter de nouvelles loix, &
les forcer à devenir opulens & heureux;
qu'ils étoient en petit nombre, il eſt

vrai ; mais que parmi ceux des Galligènes qui feroient en état de leur réfifter , la plûpart penchoient aux innovations ; que beaucoup preffentoient
les changemens qui fe préparoient , &
paroiffoient difpofés à y donner les
mains ; que le refte fe trouveroit dans
la néceffité de fuivre le torren ; qu'il
ne voyoit pas non plus ce qu'on avoit à
craindre des Magiftrats , ces vieillards
foibles , dont toute l'influence & le cré-
dit tomberoient avec le gouvernement
actuel ; que fon avis étoit , qu'on devoit feulement s'emparer des arfenaux ,
& de-là , appeller le peuple ; & , les
armes à la main , lui dicter les loix qui
devoient faire fon bonheur.

Ces deux avis partageoient les efprit , lorfqu'on en ouvrit un troifiéme
qui les réunit. On repréfentoit que
ceux des citoyens qui fe trouveroient
en état de porter les armes , pourroient,
fans répugnance , fe prêter aux vues de

la nouvelle adminiſtration ; mais qu'il
ſe pourroit faire auſſi , qu'une innova-
tion ſi ſubite , ne fût pas de leur goût ;
ſur-tout ſi des Magiſtrats , toujours reſpectés , venoient à les aiguillonner , &
à réveiller en eux l'amour de l'ancienne
légiſlation ; qu'il ſe pouvoit faire que
les anciens , déchus de la conſidération
dont ils jouiſſoient , ne tenteroient
rien , ou tenteroient vainement ; mais
qu'ils pouvoient auſſi eſſayer & réuſſir ;
qu'il falloit étouffer une force , qui deviendroit funeſte aux confédérés , ou la
puiſſance qui la dirigeroit contr'eux ,
& faire périr des hommes , qui , tôt
ou tard , ſe rangeroient du côté des
Magiſtrats , ou les Magiſtrats même ;
que dans une telle extrémité , le plus
prudent ſembloit être , de ſacrifier , à la
ſûreté de leurs ſuccès , des vieillards
caducs , qui , ne pouvant à l'avenir être
utiles , pouvoient être ſi nuiſibles , &
de conſerver à la République , une jeu-

neffe floriffante , néceffaite aux vues même des confédérés , qui fe propofoient de lier avec toutes les nations , & d'étendre leur commerce par toute la terre.

Ainfi fut réfolu le maffacre de ces hommes vénérables. On fçait de quelle baffeffe & de quels crimes eft capable , par lui - même , l'intérêt perfonnel : mais lorfqu'il s'appuye d'un prétexte fpécieux , & fe mafque de l'amour du bien public , il eft incroyable à quel point il peut porter l'atrocité & la barbarie.

Vers ce tems , il parut quelques phénomenes , auxquels à peine fit-on attention ; mais que dans la fuite , l'événement de la conjuration fit regarder comme des fignes qui avoient préfagé les malheurs dont la République étoit menacée. Dans une nuit obfcure , on vit s'avancer , du côté du midi , une maffe enflammée , qui s'arrêta sur la ville, qu'elle sembloit menacer, éclata, & disparut comme un éclair. Quelques jours après, la foudre tomba sur le palais des anciens, où elle fit un fracas énorme, sans causer aucun dommage. Sous les voûtes du verseau, on avoit entendu des bruits sourds, comme d'une tempête, qui murmuroit, & cherchoit à se faire jour. A ces présages, si c'en est, les amateurs du merveilleux ajouterent, & ajoutent encore tous les jours, des prodiges, des fantômes gigantesques, errans dans l'ombre de la nuit, des voix nocturnes & plaintives, entendues dans le silence des bois, des soupirs & des gémissemens sortis du tombeau d'Almont, & beaucoup d'autres choses de cette nature, qu'on ne s'étonnera pas que l'historien supprime.

CHAPITRE VIII.

*Avis donnés en pure perte. Entretien
d'Alcine & de Montmor. Il frémit
d'avoir eu la seule bonne pensée qui
lui tomba dans l'esprit.*

FLATTÉ des premiers hommages
que les Conjurés venoient de lui rendre, comme à leur chef, ébloui par
les dispositions qui promettoient le
plus heureux événement, Montmor
commençoit à goûter les douceurs de
la domination. Mais, tandis que son
ame ambitieuse s'épanouissoit, son
cœur se resserroit, & l'amour troubloit
son bonheur. Quelle idée se formera la
tendre, la vertueuse, la judicieuse Alcine, sur la conduite des Conjurés ?
Montmor sera-t-il à ses yeux un grand
homme, ou un séditieux ; un héros, ou
un scélérat ? Peu lui importe de se ren-

dre le maître de la République, s'il ne
peut rien sur le cœur de son amante ;
& le trône n'a rien de flatteur pour lui,
s'il n'y monte avec Alcine. Comment
éclaircir ces doutes inquiétans ? Hasar-
dera-t-il toutes ses espérances ? Expo-
sera-t-il la vie de ceux qui se sont dé-
voués à lui, en revelant le secret d'une
conjuration qui, peut-être, le rendroit odieux ? Pour satisfaire à son
amoureuse impatience, sans nuire à la
conduite de ses projets, il eut recours
à ses ruses ordinaires ; il entreprit de
faire entrevoir & désirer à son amante,
l'événement qu'il préparoit.

Il lui dit un jour, que les choses ne
pouvoient subsister long-tems dans l'é-
tat où elles étoient. Qu'il appercevoit,
dans les esprits, une fermentation, qui,
probablement, finiroit par un change-
ment total dans la forme du gouvernement. Qu'on se lassoit des loix qui,
n'accordant rien au mérite, retrécis-

foient l'ame, éteignoient les talens ;
étouffoient le germe des grandes actions. » Que je ferois heureux , ajouta-
» t-il, fi nos ufages faifoient bientôt
» place aux mœurs des Européens. J'au-
» rois, alors, le bonheur de me dé-
» vouer à vous fans réferve. Cette affec-
» tion, qui embraffe toutes les femmes
» de la République & n'en époufe au-
» cune, cette affection, dis-je, au-
» jourd'hui fi recommandée, devien-
» droit alors criminelle. Mon amour ,
» d'accord avec mon devoir , ne me
» montreroit que vous. Epoux fortuné ,
» je ferois tout à Alcine ; Alcine feroit
» toute à moi ; &, par un renverfement
» que nous avons peine à comprendre ,
» on appelleroit cela vertu «.

A ces propos téméraires , & qui, de
toute autre part , euffent révolté la
vertueufe Alcine , elle répondoit : que
dans ce qu'il défiroit , il y avoit fans
doute plus de vanité que d'amour ; que

l'un & l'autre l'aveugloient fur les fuites de ces fortes d'innovations , & ne
lui montroient que le bonheur imagi-
naire , qu'il plaçoit dans la poffeffion
exclufive & paifible de ce que l'on aime;
que ce bonheur n'étoit pas tel qu'il fe
le figuroit ; que la grande recomman-
dation où la conftance eft en Europe ,
prouve qu'elle y eft bien rare , & qu'en
amour , le droit de propriété femble
en être la fin ; que d'ailleurs , la révolution qu'il paroiffoit défirer , & qu'il
devroit craindre , ne pourroit avoir
lieu , fans jetter un trouble univerfel
dans la République , & fans expofer
la vie de la plûpart des citoyens ; que
ce n'étoit que par des fentiers arrofés
de fang , que l'on paffoit d'un genre
de gouvernement à un autre tout op-
pofé ; que la révolution terminée, & les
nouvelles loix établies , elle ne voyoit
pas qu'on dût être plus heureux qu'au-
paravant ; qu'au moins il ne paroiffoit

pas que les Européens, dont le bonheur fembloit fi doux, en jouiffent d'un
plus parfait que les Galligènes. » Quant
» à nous, pourfuivit - elle, je ne vois
» pas non plus quel avantage nous pour-
» roit être réfervé dans une telle révo-
» lution. Le République détruite, l'é-
» galité des citoyens évanouie, fi Mont-
» mor & Alcine fe trouvoient dans les
» derniers rangs de la fociété, ver-
» roient-ils, avec tranquillité, des ci-
» toyens orgueilleux daigner à peine les
» honorer d'un coup-d'œil « ?

» Alcine, reprit vivement Mont-
» mor, vous êtes faite pour comman-
» der, & Montmor n'eft pas fait pour
» ramper. Dans l'état d'inégalité, cha-
» cun fe propofe le rang où il veut vi-
» vre, & fon induftrie l'y fait monter.
» On eft artifan de fa fortune, & . . . .
» Et voilà précifément, interrompit
» Alcine, l'origine des maux qui dé-
» folent ces fottes de gouvernemens.

» Comme chacun court à la fortune ,
» on fe rencontre , on fe heurte , on fe
» renverfe. Une telle fociété femble
» plutôt un corps dont les refforts s'é-
» branlent & fe détruifent, qu'un corps
» dont les parties concourent au bien-
» être de tout. Il n'y a point de gouver-
» nement qui n'ait fes inconvéniens.
» Avec les fiens , e nôtre eft celui qui
» femble nous convenir le mieux. Les
» Galligènes ne forment pas un peuple
» nombreux ; ils fe connoiffent tous ;
» c'eft une famille que gouverne un
» pere tendre. De fages vieillards , nos
» égaux par la loi , nos fupérieurs par
» le refpect que nous avons pour eux ,
» gouvernent fans être maîtres; & , les
» mains liées pour le mal , font tout le
» bien qu'ils peuvent faire. Ne défirons
» point une autre adminiftration ; il en
» eft , peut-être , d'auffi bonnes , mais
» il n'en peut être de meilleures ;

» vivons en paix , Montmor ; & , s'il
» se peut , ne nous aimons plus «.

Confondu par des réflexions si sages ;
attendri par la douceur insinuante d'Alcine ; pressé par un amour dont il commençoit à n'être plus le maître , Montmor prend enfin le parti de dévoiler à
son amante toute la trame de la cons-
piration , dans le dessein de lui sacri-
fier ses vues , s'il ne gagnoit pas sur elle
de les approuver. » Alcine , lui dit-il ,
» voyez à quel excès. . . . . Il n'acheva
pas : tout son corps tressaillit , son front
se rida , & le feu que l'amour allumoit
dans ses yeux s'éteignit. L'image des
Conjurés , dont il trahissoit les intérêts & la perspective de la fortune
éclatante qu'il se promettoit , s⸗ffrent
en ce moment à cette ame altiere : l'a-
mour cede à l'ambition. Il feint un em-
pressement qu'il n'a plus , entretient
encore un instant Alcine , lui jure un

amour éternel , & se retire au plus vîte.
Il fuit un objet qui prend trop d'em-
pire sur lui ; il va, dans l'éloignement,
raffermir son ame ébranlée, & ranimer cette fougue orgueilleuse , qu'il
sentoit s'amortir à la vue seule de son
amante.

CHAPITRE IX.

Grand effet de l'esprit patriotique sur deux Conjurés. Vertu notable de Mirmond. Il découvre la conjuration, ou par prudence, ou par hasard, comme on voudra.

IL n'étoit guère possible qu'il ne transpirât rien de la conjuration. On parloit de mécontens, de confédérations, de révolutions prochaines. Montmor sentit toutes les conséquences de ces rumeurs, & pressa l'exécution de ses projets. Un de ses plus grands embarras, fut de se pourvoir d'armes. Il ne s'en trouve en aucun lieu de la République, hors ses magasins. On les en tire, ou pour les exercices militaires, ou pour la garde qui veille au palais des anciens, & sert de main - forte à la justice, ou pour la chasse & la pêche.

On les y rapporte immédiatement après ; & c'eſt une ſage police, qui, de tout tems, s'eſt exercée dans la derniere rigueur. Montmor, au moyen de quelques ouvriers en fer qu'il s'étoit attachés, fit faire furtivement, & avec le plus de diligence poſſible, autant de poignards qu'il comptoit de conjurés : toute autre arme n'auroit pu ſe fabriquer, ſans s'expoſer au danger d'être découvert. Ces armes prêtes, Montmor tint un dernier conſeil, avec ceux de ſes gens auxquels il avoit le plus de confiance, fit ſçavoir aux autres le parti qu'il avoit pris, & leur marqua la nuit, l'heure, & le lieu où ils devoient s'aſſembler pour mettre en exécution ce qu'ils projettoient depuis ſi long-tems.

Le jour fatal arrivé, deux conjurés, Marſil & Givry, liés par la conformité de leurs talens, & depuis par le complot où ils avoient entré l'un &

l'autre, s'étoient retirés enfemble dès la chûte du jour, & attendoient, dans la campagne, l'heure défignée pour fe rendre à l'affemblée générale. Marfil s'étoit trouvé ce jour même au tribunal des anciens. Il avoit vu ces refpectables vieillards, fans ceffe occupés du bon ordre de la République & de la concorde des Galligènes, & ce concours de peuple refpectueux, qui reçoivent les fentences de leurs Juges comme des oracles, & qui, fe foumettant fans répugnance à leurs décifions, femblent des enfans bien nés, qui exécutent les ordres du pere de famille. Subitement attendri par ce tableau : » Quel autre » tribunal, dit-il, veut-on fubftituer » à celui-ci ? Où trouvera-t-on des Ju- » ges plus refpectables & plus refpec- » tés ? Voilà donc le défordre qu'il » faut arrêter ; voilà les têtes coupables » qu'il faut immoler ! Ces Juges, di- » gnes de l'immortalité, s'occuperont

» encore de notre bien-être, lorfque
» nous viendrons leur percer le fein !
» O Montmor, ô Confédérés, nous
» fommes, fans doute, les plus cou-
» pables des hommes « ! Frappé de ces
réflexions, & l'ame pénétrée de remords, il fortit, prefque dans la ré-
folution de révéler la confpiration.
Mais l'image qui l'avoit touché, n'a-
giffant plus fur fes yeux, fon cœur ceffa
bientôt d'en être ému ; le fouvenir de
fes fermens, & l'attachement qu'il
avoit pour plufieurs des conjurés, re-
prirent leur afcendant. Il paffa le refte
du jour dans ces combats intérieurs,
qu'éprouve un homme foible qui mé-
dite un grand crime ; &, fur le foir, il
s'étoit joint à Givry. Son extérieur fe
reffentoit de ce qui fe paffoit intérieurement. Il fe tournoit, de tems en tems,
du côté de la ville, & foupiroit. Une
contenance trifte, un morne filence,
une air d'inquiétude, tout annonçoit

fon trouble. » Et quoi, lui dit Givry ;
» vas-tu montrer à tes compagnons un
» extérieur de fi mauvais augure ? N'as-
» tu pas encore bien pris ton parti ?
»'Eft-il tems de balancer, & d'écouter
» un vain remords qu'enfante le pré-
» jugé « ? Ce remords m'accable, ré-
» pondit Marfil ; plus l'inftant fatal ap-
» proche, plus je fens que mes forces
» m'abandonnent. » Chaffe, loin de toi,
» des réflexions fi tardives, reprit Gi-
» vry. Eft-il tems de fe tourner du côté
» de la République ? D'ailleurs, irois-
» tu trahir baffement des citoyens qui
» fe font confiés à toi ? Donneras-tu la
» mort à ceux qui te deftinent tant de
» biens « '? Ces biens, je les détefte,
interrompit brufquement Marfil; »ceux
» qui me les promettent, font des fcé-
» lérats, & je le fuis moi-même. Mal-
» gré leur crime, je me fens une ré-
» pugnance invincible à les décéler.
» Faifons mieux, gardons le fecret, &
                                      » ne

» ne les perdons pas ; mais ne nous joi-
» gnons point à eux , & ne souillons
» point nos mains du sang de nos freres.
» Restons dans l'inaction , puisque nous
» ne pouvons agir sans nous rendre
» coupables envers nos confédérés , ou
» notre patrie. Selon l'événement , nous
» trouverons aisément quelque prétexte
» pour justifier notre conduite «. Un
tel parti trahissoit également les Conjurés & la République ; mais il sembloit le plus doux , & convenoit à deux
ames sans forces : ce fut celui qu'ils
prirent. Ils retournerent donc à la ville,
& rentrerent dans leur quartier. La nuit
s'avançoit ; d'un côté , les Conjurés se
répandoient dans la campagne , & s'ap-
prochoient du rendez-vous ; de l'autre ,
la plûpart des habitans s'étoient retirés.
Bien éloignés de soupçonner ce qui se
tramoit contr'eux , ils s'abandonnoient
à un sommeil tranquille , dont le réveil
devoit être si funeste. Touché de la paix

& du silence qui regnoit de toute part:
» ô calme trompeur, dit Marsil, de
» quel affreux orage tu vas être suivi!«

Le censeur de ce quartier, s'appelloit Mirmond, l'homme de la République dont les mœurs étoient les plus
exactes & les plus séveres : c'étoit le
Caton des Galligènes. Jamais citoyen
n'a pu lui reprocher d'avoir eu, dans
tout le cours de sa vie, un seul ami.
Son cœur ignora toujours les dange-
reuses impressions de la reconnoissance,
& ne connut de l'amour, que ces de-
sirs vagues dont toutes les femmes sont
successivement l'objet. Il aimoit singu-
lierement tous les citoyens; mais jamais il ne donna son estime à aucun
d'eux, & jamais il ne rechercha celle
de personne. Sans cesse il crioit contre
l'émulation, le desir de se distinguer,
les vues de renommée, & ne vouloit
d'autres motifs de nos actions, que
l'humanité & le patriotisme. L'œil

toujours ouvert fur la conduite des
Galligènes, il avoit vu quelques traces
de la conjuration ; mais il n'avoit pu
les fuivre, ni rien approfondir. Ce jour
même, il apperçut des mouvemens,
qui lui donnerent du foupçon & de l'inquiétude. Etant aux aguets, & cherchant à s'éclaircir, il avoit entendu le
dernier propos de Marfil, & ne douta
plus que le danger le plus preffant ne
menaçât la République. Il fuivit les
deux conjurés, fans qu'ils s'en apper-
çuffent. A peine étoient-ils entrés dans
leur logis, qu'il y entra lui-même.
» Quoi ! leur dit-il, vous connoiffez le
» danger qui menace vos freres, &
» vous reftez dans l'inaction. Vous ver-
» rez d'un œil tranquille, le renver-
» fement de cette République qui vous
» donna le jour, qui prit foin de votre
» enfance, qui, même dans ce moment
» fatal, occupée de vos befoins & de
» votre bien-être, ne voit pas le péril

» dont elle eſt environnée ! Citoyens
» dénaturés, voici l'un de ces anciens
» deſtinés à être enſevelis ſous les rui-
» nes de l'Etat : que l'horrible ſacrifice
» commence par lui ; percez ce cœur,
» déja nâvré de toutes les horreurs qui
» l'environnent : ou plutôt, que l'a-
» mour de la patrie ſe rallume dans vos
» ames ; que ſa chûte imminente ré-
» veille votre ſenſibilité ; parlez, dé-
» veloppez-moi ces affreux myſteres,
» joignez vos efforts aux miens, &
» ſauvons la République, s'il en eſt
» encore tems «.

Marſil & Givry, frappés d'étonnement, déchirés de remords & ſaiſis de
crainte, crurent que tout étoit découvert ; &, dans leur émotion, ne ba-
lancerent point à donner à Mirmond,
les éclairciſſemens qu'il leur demanda.
Il les quitta, en les raſſurant de leur
frayeur, & leur diſant que la part qu'ils
avoient priſe à la conjuration, n'étoit

pas tant un crime, qu'une reſſource que la Providence avoit réſervée à la République chancelante.

Sans perdre de tems, Mirmond prit toutes les meſures qu'exigeoit le danger qui preſſoit l'Etat. Il s'aſſura des deux conjurés qui venoient de s'ouvrir à lui, & qu'une fauſſe compaſſion eût pu porter à donner avis à leurs confédérés de tout ce qui ſe paſſoit. Il fit fermer le quartier des femmes & des enfans, afin de ne recevoir aucun empêchement d'où il n'avoit aucun ſecours à eſpérer. Il fit diſtribuer des armes à près de trois mille hommes, dont il connoiſſoit le courage & l'attachement à leur patrie. Six à ſept cens ſe rendirent au palais des anciens; les autres, ſous la conduite d'Orville, marcherent à la place des exercices, où ſont les magaſins d'armes & de munitions de guerre. Ces arrangemens furent pris en moins de deux heures;

&, ce qui doit étonner dans un danger auſſi grave & auſſi preſſant, tout
ſe paſſa dans le ſilence & ſans la moindre confuſion.

CHAPITRE X.

Propos de femmes. Inquiétudes d'Alcine. Evénement de la conjuration. Belle résolution de Montmor, qui prend le parti de se faire égorger avec toute sa suite.

LES femmes étonnées de l'ordre inattendu qui les renfermoit dans leurs quartiers, alarmées de ce qu'elles entendoient dire qu'une guerre civile armoit les citoyens les uns contre les autres, étoient dans une perplexité qu'on auroit peine à décrire. Elles marchoient de tous côtés, sans se proposer d'aller nulle part ; s'assembloient par pelotons ; se demandoient, les unes aux autres, quelle étoit l'origine, la cause, le but de la révolte : les chefs, le nombre, les armes des révoltés ; les troupes, les forces & l'état de la Ré-

E iv

publique. Les caufes probables, ou fans apparence , les fuites imaginaires , poffibles & impoffibles ; tout fut foupçonné, excepté le vrai. A l'impreffion de la curiofité , fuccédoit celle de la crainte. Elles fe difoient , les unes aux autres , que fans doute la famille d'Almont étoit à fon dernier jour ; qu'elles étoient réfervées à périr les dernieres dans les langueurs de l'abandon & de la folitude ; qu'il étoit bien plus avantageux pour elles , de périr avec la République ; que fi le vertige qui agitoit les citoyens pouvoit s'appaifer , ce feroit, fans doute, à l'afpect de leurs femmes ; que la douceur opere fouvent plus que les efforts de la force ouverte ; qu'on leur amenât leurs enfans , qu'elles fe joindroient à eux , & que les careffes de ces innocentes victimes de leurs difcordes , ne pourroient manquer d'adoucir les cœurs les plus féroces ; que fi les hommes perféveroient à s'achar-

her les uns contre les autres , ils com-
mençaſſent par les maſſacrer elles &
leurs enfans ; qu'en pareille circonſ-
conſtance , c'étoit un bienfait de leur
donner la mort , & une cruauté de leur
laiſſer la vie , en les abandonnant ſeules
& ſans reſſources , dans une iſle , pour
laquelle le reſte de la terre eſt comme
s'il n'étoit pas.

Au milieu de ce tumulte général,
Alcine, immobile & dans le ſilence,
étoit plus agitée qu'aucune autre. Le
trouble dans le cœur , la pâleur ſur le
viſage , la triſteſſe & l'abattement dans
les yeux , elle n'interrogeoit perſonne ,
& ne répondoit rien à celles qui l'in-
terrogeoient. De tems en tems , elle
répandoit quelques larmes ; & d'autres
fois , tout ſon corps étoit ébranlé par
des frémiſſemens ſubits. Elle ſe rap-
pelloit les diſcours que Montmor lui
avoit ſi fréquemment tenus , & ſçavoit
combien il étoit entreprenant & pré-

E v

fomptueux. Jufqu'alors fa paffion l'a-
voit aveuglée ; en ce moment le voile
tomba , elle vit l'abîme où fa conduite
la précipitoit. Qu'un cœur tendre fe
fait aifément illufion , & que l'amour
a d'adreffe à voiler les malheurs qu'il
entraîne !   •

Alcine avoit une confidente ; l'a-
mour peut-il s'en paffer ? Cette confidente fe nommoit Saphire ; & c'eft
d'elle que nous tenons les détails des
intrigues amoureufes de Montmor. Saphire cherchoit Alcine , & la trouva ,
dans le trouble dont nous venons de
parler. » Chere Saphire , lui dit-elle ,
» je te vois alarmée comme les autres ,
» & non fans raifon : fans doute un
» danger preffant menace la Républi-
» que ; comme toi , je partage l'in-
» quiétude commune ; mais mon def-
» tin y mêle des malheurs particuliers
» à moi feule. Ah ! fi tu lifois dans
» mon cœur ! Montmor , (non je ne

» crains point de te confier mes triftes
» foupçons) Montmor eft fans doute à
» la tête d'une troupe de féditieux, &
» marche contre fa patrie. Si un heu-
» reux deftin affermit la République
» contre fes attentats, il fubit une mort
» ignominieufe, qu'il n'a que trop mé-
» ritée. Si la République fuccombe,
» pourrai-je le voir, fans horreur, ve-
» nir à moi, au-travers des ruines de
» fa patrie, & fouillé du fang de fes con-
» citoyens. C'en eft fait, il faut le per-
» dre ou le haïr «. En vain Saphire
effaya de calmer l'efprit d'Alcine ; un
noir preffentiment enveloppoit fon
ame, & en excluoit toute confolation.

Cependant les Conjurés, au nombre
de près de cinq cens, s'étoient rendus
au lieu indiqué. Montmor, le feu dans
les yeux, les haranguoit, & tâchoit de
faire paffer dans leur cœur, toute la
fureur qui dévoroit le fien. Il leur fit
diftribuer les poignards, armes peu

avantageuſes, diſoit-il, mais qui ſuffi-
ſoient à de grands courages, & qui leur
ouvriroient les redoutables arſenaux
de la République. Il diſtribua ſes gens
en deux corps, l'un de trois cens cinquante hommes ; l'autre de cent cinquante. Le premier eut ordre d'aller
s'emparer des magaſins d'armes & de
munitions de guerre ; il marcha avec
l'autre vers le palais des anciens.

A quelque diſtance de la ville, du
côté du midi, eſt une grande eſpla-
nade qui ſert aux exercices. Deux gros
pavillons, éloignés l'un de l'autre de
près d'un quart de lieue, ſe trouvent
ſur l'un de ſes bords, du côté de la
campagne. Du côté de la ville, un autre pavillon, à pareille diſtance, ſem-
ble placé au troiſieme angle d'un trian-
gle. Dans les deux premiers, ſont en
dépôt des proviſions immenſes de pou-
dre & autres munitions de guerre ; le
troiſieme eſt le magaſin d'armes. La

place eſt environnée, de tous côtés, de bois taillis ſi épais, qu'il n'eſt pas poſſible d'y pénétrer. Deux ſeuls chemins y conduiſent ; l'un du côté de la villé ; l'autre du côté des champs. Ce fut à l'embouchure de ce dernier, que Dorville conduiſit les deux mille hommes qu'il commandoit. Il les diſpoſa en forme de croiſſant, dont les deux extrémités touchoient au bois taillis, à droite & à gauche du chemin, dont l'iſſue reſta libre. A peine les Conjurés, qui marchoient en peloton très-ſerré, eurent débouché dans la place, que les extrémités du croiſſant que formoient les troupes de la République, s'approcherent, & ſe fermant, envelopperent les Conjurés de toutes parts. Au même inſtant nos ſoldats, ſuivant l'ordre qu'ils avoient reçu, pouſſerent des cris féroces, que les bois & les vallées des environs renvoyerent, en les multipliant, & dont le calme & l'ombre de la nuit augmentoient encore l'horreur. Dès que le silence fut rétabli, » vos attentats font connus, dit » Dorville, deux mille hommes bien » armés vous enveloppent ; si vous avan- » cez, vous êtes morts ; si vous rendez » les armes, la République vous fait » grace «. Sans leur donner le tems de se reconnoître, il les fit désarmer : il les avoit en son pouvoir, qu'ils n'étoient pas encore revenus de leur premiere frayeur.

Tandis que la République triomphe avec tant de facilité aux environs des arsenaux, une scene plus sanglante se passe au palais des anciens. A peine le détachement que Mirmond avoit envoyé fut distribué comme on le jugea le plus à propos, que Montmor & sa troupe avancerent en silence vers la porte de la cour. Dès qu'ils parurent, vingt ou trente gardes s'enfuirent, comme effrayés de l'approche d'une

telle multitude, & les Conjurés en-
trerent, en riant de la défense que la
garde venoit de faire. Tandis qu'ils
s'empreſſoient d'allumer des flam-
beaux, quatre hommes armés de ha-
ches s'avancerent pour forcer la porte
du palais. A peine avoient-ils porté le
premier coup, que les deux battans
s'ouvrirent, & laiſſerent voir l'inté-
rieur du palais ſans lumiere & dans la
plus grande obſcurité. Montmor frémit à cet aſpect. » Compagnons, dit-
» il aux Conjurés, les ſentinelles ont
» fui, même ſans s'aſſurer qui nous
» étions; lorſque nous penſons forcer
» la porte du palais, elle s'ouvre d'elle-
» même; nous ſommes trahis, & l'on
» s'eſt diſpoſé à nous recevoir. Ren-
» drons-nous les armes, & attendrons-
» nous l'ignominie du ſupplice, ou la
» honte du pardon? Les grands dan-
» gers ne doivent qu'enflammer les
» grandes ames : ſi vous en croyez votre
» chef, marchons à notre deſtination ;

» tentons ce que peut l'intrépidité; &,
» s'il faut mourir, mourons les armes
» à la main «. Un cri général & atroce,
annonça le dévouement & l'acharne-
ment de ses soldats. Montmor profite
de ce moment de fureur, & marche à
leur tête.

A l'instant cinq cens hommes, armés chacun de dix coups de feu, sor-
tirent impétueusement du palais, &
donnerent le signal à cinq cens autres
qui étoient en embuscade, & qui en-
trerent dans la cour par la porte des
gardes. Tous à la fois, firent feu sur les
Conjurés, qui, se voyant attaqués de
tous côtés par tant d'hommes armés si
supérieurement, la rage dans le cœur,
s'élançoient avec furie sur les soldats
de la République, semblables à ces
bêtes féroces, qui, hors de défense,
mordent le fer dont on leur perce les
flancs. L'action ne fut pas de longue
durée; en un moment, les Conjurés

furent accablés par le nombre ; & l'on se saisit de Montmor, au moment où il se baissoit pour s'emparer des armes d'un citoyen, qui, blessé à mort, venoit de tomber à ses pieds. A peine avoit-il été légérement atteint, dans cette affreuse mêlée. Vingt-cinq hommes périrent du côté de la République ; tous périrent du côté de Montmort, à la réserve de dix, dont quelques-uns même se trouverent blessés mortellement.

CHAPITRE XI.

Assemblée générale des Galligènes. Harangue très-sage, qui, parmi nous, meneroit le harangueur aux petites-maisons.

CEUX des Conjurés qui avoient rendu les armes à Dorville, & le peu qui avoit échappé au carnage dont nous venons de parler, furent conduits au tribunal des anciens, qui passerent le reste de la nuit à rechercher l'origine, le progrès, le moteur & les fauteurs de la conjuration. Le lendemain le peuple fut convoqué, & l'assemblée se trouva complette sur les dix heures du matin. Les anciens, placés à l'endroit le plus éminent, formoient un demi-cercle, au centre duquel étoit une grande table couverte des poignards des conjurés. En face, & s'étendant à droite & à gauche,

le peuple rempliſſoit un ſpacieux am-
phithéâtre. Au milieu de l'aſſemblée
étoient les Conjurés, gardés par plus de
quinze cens hommes ſous les armes. L'é-
tonnement & la conſternation étoient
peintes ſur tous les viſages. Les anciens, dans une contenance triſte, ſem-
bloient accablés de leurs réflexions. Le
peuple jettoit les yeux ſur ſes Magiſtrats & s'attendriſſoit ; ſur les Conjurés, & s'indignoit ; ſur lui-même, &
frémiſſoit : ceux qui avoient le plus de
penchant aux innovations, les déteſ-
toient en ce moment, à la vûe des ſuites
funeſtes qu'elles entraînent. Montmor,
& ce qui lui reſtoit de ſa troupe, con-
ſervoient encore toute leur férocité, &
accabloient de reproches ceux de leurs
confédérés, qui s'étoient rendus à la
merci de la République. Ceux-ci, com-
batus par l'eſpoir, la crainte & la
honte, n'oſoient porter les yeux, ni ſur

le peuple, ni fur Montmor, ni fur eux-
mêmes.

Un des anciens, ouvrit l'affemblée
en ces termes. » Ne penfez-pas, ô ci-
» toyens, que la triftefle où vous voyez
» vos Magiftrars plongés, vienne du
» danger qu'ils ont encouru. Qu'im-
» porte que le fer des conjurés, ou les
» glaces de la vieilleffe, éteigne un
» foufle de vie, & termine une car-
» riere dont il nous refte fi peu à par-
» courir. L'événement qui vient de fe
» paffer n'eft pas non plus l'unique fu-
» jet de notre triftefle. Si nous devons
» nous affliger des noirs complots qui
» fe font tramés contre la République,
» nous devons auffi nous réjouir de les
» voir fruftrés de leur but. Ce qui nous
» jette dans la confternation, c'eft la
» vue d'une fource de malheurs, tou-
» jours fubfiftante parmi vous. Vous le
» fçavez; cette fource fatale, eft la dé-

» cadence des anciennes mœurs. Les
» vertus des Européens, font des pro-
» grès effrayans & corrompent tout.
» Des amitiés formées de toutes part,
» & malheureusement soutenues avec
» constance, resserrent entre particu-
» liers, une bienveillance qui devroit
» embrasser tous les citoyens. Chacun
» cherchant à s'attacher une femme,
» chaque femme commençant à se faire
» un point d'honneur de se donner à un
» seul, les jalousies, & toutes les suites
» funestes de l'amour, font sur le point
» d'accabler l'Etat. Déja, par une cu-
» riosité indiscrette, & que les loix
» ont toujours désavouée, on tâche de
» discerner, dans la foule des enfans de
» la République, celui auquel on a
» donné le jour, pour réunir sur sa tête,
» une tendresse dûe à tous. Qu'est de-
» venue cette ancienne candeur, cette
» simplicité de nos peres, cette vertu
» naïve ? Où trouve-t-on un cœur vraie-

» ment pufillanime ; où n'en trouve-
» t-on pas de magnanimes ? Enflés de
» je ne fçais quelle vanité nous ne
» trouvons plus de quoi nous fatisfaire,
» ni dans nos loix, ni dans nos arts , ni
» dans notre ifle. Il nous faut de ces
» diftinctions qui font le chagrin de
» ceux qui n'en jouiffent pas, & qui
» ne rempliffent jamais le cœur de
» ceux qui en jouiffent ; de ces for-
» tunes particulieres qui ne peuvent
» exifter fans des miferes générales ;
» de ces femmes pour jamais attachées
» à des époux qui les négligent , & fé-
» parées pour toujours de ceux qui les
» adorent. Amitié conftante , amour
» fidele , tendreffe paternelle , gran-
» deur d'ame , vertus pernicieufes ,
» nous venons d'éprouver ce que vous
» pouvez fur nous & fur notre patrie !
» Encore trois heures , ô citoyens , &
» vos Magiftrats étoient égorgés ; vous
» étiez efclaves, & la République n'e-

» xiſtoit plus. O nuit funeſte , où des
» fils d'Almont révoltés contre leur
» famille qui les chériſſoit , ont tenté
» de porter, dans ſon ſein , l'eſclavage
» & la mort ! O jour déplorable , qui
» aſſemble les freres pour délibérer ſur
» le ſuplice de leurs freres ! En eſt-ce
» aſſez , concitoyens ? Une fatale ex-
» périence vous a-t-elle convaincus ?
» Ouvrez-vous les yeux , & concevez-
» vous enfin qu'il n'eſt de ſûreté , pour
» la République & chacun de vous,
» que dans l'exacte obſervation des
» loix , & dans la pratique des vertus
» de votre pays «.

Un autre ancien alloit prendre la parole & entamer l'affaire des Conjurés ,
lorſqu'une femme , au milieu de quelques gardes , entra dans l'aſſemblée , &
attira tous les regards.

CHAPITRE XII.

Hauteur de Montmor. Nobleſſe d'Alcine.
Morts tragiques. Fin de la conjuration.

LE s amours d'Alcine & de Montmor
avoient été conduits avec autant de
diſcrétion qu'en peuvent avoir deux
amans paſſionnés, c'eſt-à-dire, que le
myſtere n'avoit pas été impénétrable,
& que les yeux clair-voyans ne s'y
étoient pas mépris. La conſtance d'Alcine, dont on ne tarda pas à tenir quelques propos, étoit la ſeule tache qu'on
pût lui reprocher ; encore en parloit-
on avec circonſpection, & comme
d'une choſe dont on n'avoit que des
ſoupçons. Mais l'affaire de Montmor
fit trembler pour elle. On craignoit
d'aprofondir leur liaiſon, parce qu'on
craignoit de trouver Alcine coupable.
Cependant la ſûreté publique exigeoit

des

des éclairciſſemens ; &, en cas de crime, exigeoit un exemple. On fit donc
arrêter Alcine ; &, peu de tems après,
elle parut dans l'aſſemblée, au milieu
des gardes qui la conduiſoient. La vue
de Montmor dans les fers, ne l'émut
point, ou ne parut pas l'émouvoir : elle
avança d'un pas aſſuré vers les anciens.
Ces graces modeſtes & majeſtueuſes ne
l'avoient point abandonnée, & la ſé-
rénité d'une ame tranquille s'annonçoit dans ſes yeux & ſur ſon front. » Al-
» cine eſt innocente, s'écria le peuple,
» Alcine eſt innocente «. » Elle eſt cou-
» pable, dit Alcine en élevant la voix ;
» mais apprenez quel eſt ſon crime «.
» Non, elle n'eſt point coupable, in-
» terrompit Montmor. Alcine garde
» dans toute ſa pureté cette vertu que
» vous honorez, & qui n'eſt pas tou-
» jours capable d'arrêter les ſaillies des
» ames fortes. Elle n'eut aucune part à
» la conjuration, dont je lui cachai tou-
» jours le ſecret : & ſi j'euſſe adopté ſes

» maximes, j'aurois langui sous le gou-
» vernement que je voulois éteindre.
» Seul j'ai conçu ce projet malheureux,
» seul j'en ai conduit les ressorts. J'ai
» succombé, je suis au pouvoir de ceux
» que je voulois soumettre au mien;
» je dois mourir, puisque je n'ai pu
» m'élever au-dessus de la loi qui me
» condamne. Mais Alcine, qui eût
» donné son sang pour la République,
» Alcine est digne de votre amour &
» de votre vénération «.

» Séditieux, indigne du jour, reprit
» l'amante de Montmor, oses-tu bien
» encore prononcer mon nom ? Cou-
» pable envers le ciel & la terre, oses-
» tu parler de vertu, & plaider pour
» l'innocence ? Penses-tu, par cette ar-
» rogance, donner un air de grandeur
» à ton crime, ou incliner mes juges à la
» clémence ? O citoyens, connoissez Al-
» cine ! J'ai aimé Montmor; je l'ai aimé
» seul ; je l'ai aimé avec constance. Je
» lui ai abandonné ce cœur, qu'entraî-

» noit un malheureux penchant auquel
» je n'ai pas affez réfifté ; ce cœur que
» la vertu veut que nous partagions à
» tous nos amans , & qu'elle défend de
» donner à un feul. Je n'ai rien fait pour
» les autres , & n'ai rien fait de plus
» pour lui. En lui donnant tout mon
» cœur , & me dévouant en même tems
» à une continence perpétuelle , j'ef-
» fayois de contenter mon amant , &
» de fatisfaire à mon devoir ; j'ai man-
» qué l'un & l'autre objet. Le defir
» d'obtenir ce que je lui refufois , l'am-
» bition qui , toujours dévora cette
» ame altiere , l'ont enfin porté au plus
» horrible excès. J'ai donc ourdi moi-
» même la trame de la conjuration , par
» une fidélité conftante que la loi con-
» damne , que je condamnois moi-mê-
» me intérieurement , & que pourtant
» j'ai toujours gardée. Il y a plus , ô ci-
» toyens ; voyez à découvert l'ame
» d'Alcine, & frémiffez. Ce Montmor,
» ce furieux , armé contre fa patrie ,

» altéré du fang de fes freres, chargé
» des fers qu'il vous préparoit ; ce
» Montmor, que l'ambition & l'amour
» ont précipité, dans l'abîme où il
» m'entraîne avec lui ; ce Montmor,
» l'objet de votre indignation & de la
» mienne, il m'eſt encore cher ; en dé-
» teſtant le crime, j'aime encore le
» coupable, & je trouve de la douceur
» à le dire. Jugez, & condamnez Al-
» cine ; vous la connoiſſez mainte-
» nant «.

Tandis qu'Alcine parloit, un pro-
fond ſilence regnoit dans l'aſſemblée ;
les eſprits incertaiñs, trouvoient de
quoi l'abſoudre & de quoi la condam-
ner. On écoutoit attentivement, &
l'on attendoit, avec impatience, quelque nouvel éclairciſſement, qui pût
déterminer en ſa faveur. Quand elle
eut ceſſé de parler, un murmure confus ſuccéda ; on prenoit conſeil les uns
des autres, & l'on ne ſçavoit à quoi ſe
réſoudre, lorſqu'une voix s'éleva, &

fit entendre ces mots : « fauvons la belle
» Alcine «. Auffi-tôt, tout le confiftoire
répéta, » fauvons la belle Alcine « ;
ainfi, elle fut abfoute, par l'acclama-
tion publique.

Le filence fut à peine rétabli, qu'Alcine reprit la parole. « Citoyens géné-
» reux, dit-elle, une telle conduite à
» mon égard, montre votre bénignité,
» & non pas mon innocence. J'accepte,
» avec reconnoiffance, la vie & la li-
» berté que vous m'accordez, & je
» m'en félicite ; non que je veuille pro-
» longer des jours qui me font odieux,
» mais parce que je puis maintenant
» les terminer avec honneur. Cette vie
» que vous me donnez, je la dévoue,
» dès cet inftant, à la République,
» Que la mort d'Alcine, ferve à ja-
» mais d'exemple ; & puiffe fon fang,
» éteindre les dernieres étincelles de la
» fédition. » Elle dit, elle court à la
table, qui eft chargée des armes des

conjurés, saisit un poignard, & se le plonge dans le sein.

A cette vue, Montmor tressaillit ; & frappé d'horreur & d'amour, il fit un effort si violent, qu'il brisa ses liens ; courut à sa chere Alcine. » Malheureuse » Alcine, s'écria-t-il, reçois la seule » expiation, qui soit au pouvoir du » plus coupable des Amans. » Il n'avoit pas encore achevé, qu'il s'étoit percé le cœur. Alcine expiroit ; ses paupieres appésanties, se rouvrirent à ces paroles : ses yeux mourans, s'égarerent sur l'assemblée, & se fixerent sur Montmor, qu'ils cherchoient encore. Tandis que le sang qui couloit de leurs blessures, se mêloit l'un à l'autre, leurs regards se pénétroient mutuellement, & leurs derniers soupirs se confondirent.

Le reste du jour, & le lendemain, on examina les détails de la conjuration ; on condamna ceux que l'on crut les plus coupables, & l'on fit grace aux autres.

CHAPITRE XIII.

Beau discours de Duncan, pour prouver aux Galligènes qu'ils doivent lui donner un vaisseau & des hommes, pour le conduire chez lui. Il l'obtient. Troisieme, &, pour le coup, dernier naufrage dont il soit parlé dans cette histoire.

LES Galligènes, effrayés du danger qu'ils avoient encouru, frappés des supplices de ceux qu'ils avoient condamnés, touchés de la mort d'Alcine, tomberent dans une mélancolie dont ils ne pouvoient revenir. Les Magistrats, pour les rappeller à la gaieté, ordonnerent des Fêtes, qui ressemblerent à des obseques. Rien ne pouvoit dissiper les nuages dont leur ame étoit offusquée. Toute cette longue tristesse ne tarda pas à ennuyer Duncan. D'ailleurs,

F iv

il trouvoit les Galligènes plus singuliers qu'aimables ; & pendant le long séjour qu'il avoit fait chez eux, il s'étoit plus étonné qu'amusé. Jamais il n'avoit pû goûter leurs maximes, ni s'accoutumer à leur usage. Que faire dans un pays, où l'on n'a ni fortune à espérer, ni place à solliciter, ni récompense à attendre ? En Europe, un concurrent vous écrase, & vous en écrasez un autre ; un grand vous humilie, & vous humiliez votre inférieur : celui-ci vous dupe, & vous dupez celui-là. Vous avez des amis, & à tout moment l'occasion de vous en plaindre ; une femme qui est à vous, & que vous avez droit de mal mener ; des enfans, dont vos sueurs & vos veilles préparent de loin l'aisance & la dissipation : tout cela occupe ; on passe le tems : mais chez les Galligènes, c'est à périr de langueur. Il n'y avoit pas à balancer ; Duncan prit le parti de retourner en

Europe. Mais comment faire ? Il étoit seul ; avoit des mers immenses à parcourir, & ne voyoit autour de lui que de petites chaloupes.

Plusieurs fois, il avoit parlé aux Galligènes, des secours que les Européens tirent des chevaux, bœufs, chevres & autres quadrupedes. » Ce sont, leur di-
» soit-il, des animaux faits pour le sou-
» lagement de l'homme, & dont vous
» ne vous passez qu'à force de sueurs.
» Dans le labour des terres, & les tra-
» vaux des arts, l'homme met leur
» force à la place de la sienne ; ils por-
» tent, ils traînent, ils agissent pour
» lui ; & son industrie oisive, ne s'oc-
» cupe qu'à les diriger. Un avantage
» encore plus grand, c'est qu'il en tire
» une nourriture salubre, & qui, d'elle-
» même, se multiplie & croît autour
» de lui. Que ne devriez-vous pas entre-
» prendre, pour faire une acquisition
» de cette importance ; & pouvez-vous

» balancer, lorſque rien n'eſt plus aiſé
» que de vous en pourvoir ? Qu'on me
» permette de conſtruire un vaiſſeau,
» qu'on me donne cinquante hommes,
» des vivres pour ſix mois, & quelques
» balots de vos étoffes de lin aërien, je
» m'embarque, & vais prendre terre
» dans une île, où j'échangerai les
» étoffes pour des quadrupedes. Vos
» gens remettront à la voïle, & vous
» apporteront de quoi pourvoir votre
» habitation, de ces animaux utiles ;
» moi, je continuerai ma route, & re-
» joindrai une famille, dont le ſouvenir
» me dévore. » Si Duncan avoit envie
de partir, les Galligènes ſe ſoucioient
aſſez peu de le garder. L'étalage qu'il
ne ceſſoit de faire des vertus d'Europe,
& de la ſageſſe des loix de ſon pays,
avoit toujours été aſſez mal placé, & le
devenoit bien plus, depuis l'événement de la conjuration. Il n'eut pas de
peine à obtenir ce qu'il demandoit. On

prit seulement la précaution de lui
faire jurer, ainsi qu'à tous ceux qu'on
lui confioit, qu'ils ne révéleroiènt jamais, en quel parage de la mer, eſt
ſituée l'île des Galligènes. Ses diſpoſi-
tions faites, & le ſerment prêté, il
s'embarqua.

La navigation de Duncan, fut encore malheureuſe ; il fit naufrage à peu
de diſtance de l'île où il ſe rendoit.
Tout fut englouti par la mer ; il ſe
ſauva ſeul ; & de toutes les rares
étoffes qu'il avoit embarquées, il ne
lui reſta qu'une écharpe, dont il s'étoit
ceint les reins, pour nager avec plus
de force.

Après avoir erré près de deux ans,
Duncan eſt enfin arrivé depuis quelques
mois à Paris, & montre, à ceux qui le
vont voir, ſon écharpe curieuſe, &
tiſſue de lin aërien. Il compte inceſſam-
ment aller en cour, & la montrer à
leurs Majeſtés, & à quelques Seigneurs

qui , probablement n'en feront pas
grand cas ; après quoi , il la dépofera
au cabinet du Roi , tout à côté des ha-
bits enfumés des fauvages , où fans
doute , elle figurera avec diftinction ,
& fervira de titre à la vérité de tout ce
que je viens de narrer comme j'ai pû.

J'ai oui-dire que Duncan s'obftine à
cacher la pofition de l'île des Galligènes : je ne le conçois pas. Il eft vrai, que
ce lin aërien , & cette gomme faline du
verfeau , font deux chofes bien ten-
tantes ; nous ne pourrions nous difpen-
fer de nous emparer d'une île , qui produit des matériaux fi rares. Mais , en
dépouillant les Galligènes , nous au-
rions foin de leur tranfmettre nos
mœurs & nos ufages , & les voilà dé-
dommagés de refte. Qu'on voye l'Amé-
rique , elle a été envahie , arrofée de
fang ; mais auffi, elle devient policée de
jour en jour , & les Amériquains n'ont
rien à dire. Duncan a juré ; Duncan eft

lié : il faut qu'il se taise. Cela est fort, sans doute : mais, en repréfentant à Duncan, que c'eft pour le bien des Galligènes, qu'on iroit leur ôter la liberté, & s'emparer de leurs terres ; en appuyant de si bonnes raisons, par ces moyens qu'on connoît, ces moyens si infinuans, & qui élargiffent si fort les confciences, je doute que Duncan, pût réfifter à des objections préfentées d'une maniere si victorieufe. Je crois même qu'il s'attend qu'on le tentera par cette voie ; & comme il eft efclave de fa parole, il a de l'inquiétude ; il craint de fuccomber.

F I N.

TABLE
DES CHAPITRES

Contenus en cet Ouvrage.

Fin de la Table des Chapitres.